KB081075

문화로 읽는
십 이 지 신
이 야 기

十 二 支 神

문화로 읽는
십 이 지 신
이 야 기

한 중 일 비 교 문 화 연 구 소 의   십 이 지 신   시 리 즈

十二支神

양

이어령 책임편집

열림원

차례

양들의 침묵 – 자유보다 값진 복종 이어령 _8

양들의 침묵

—자유보다 값진 복종

이어령

양들의 침묵
—자유보다 값진 복종

십이지의 동물 가운데에는 인간생활과 가까운 가축이 많다. 개와 돼지 그리고 닭은 말할 것도 없고 요즘 잘 볼 수 없게 된 토끼나 말이라고 해도 여전히 친근감을 준다. 하지만 그 가운데 유독 낯선 느낌을 주는 가축이 있다. 다름 아닌 양¥이다.

염소라면 몰라도 근대화 이전에는 구경조차 힘들었던 짐승이다. 천 년 이상 양은 현실 속의 동물이라기보다 용과 마찬가지로 판타지의 생물에 가까웠다. 서양 선교사들이 한국에 들어와 가장 힘들었던 점도 그 양에 관한 문화코드의 차이였을 것이다. 성경에서는 하느님을 목자에 비유하고 그를 섬기는 신자들을 양으로 지칭한다. 99마리의 양을 버려두고 잃어버린 1마리 양을 찾으러 가는 목자의 마음을 어찌 돼지와 소만 길러온 농사꾼들이 이해할 수 있겠는가.

그래서 잠이 오지 않을 때 양을 세라는 불면퇴치법 역시 한국인에게는 별 효험이 없다. 생활양식이 서구화된 오늘날에도 양들이 초원에서 풀을 뜯고 있는 풍경은 여전이 목가적인 이국정조의 산물에 지나지 않는다. 더구나 영어의 양 쉽Sheep이 잠을 뜻하는 슬립Sleep을 환기시키는 언어적 연상 작용도 기대하기 힘들다.

한자 속의 양 떼

하지만 초원의 양 떼가 일단 한자의 세계로 들어오면 사정은 급변한다. 한자 가운데 개념 있는 말들은 양羊들의 차지다. 인간의 대표적인 덕목으로 꼽히는 진선미眞善美 가운데 진眞만 빼고는 모두가 양과 관련된 글자가 아닌가. 착할 선善 자에 아름다울 미美 자에도 양羊 자가 들어 있는 것이다.

당연히 한자로 기술된 모든 문헌에도 양은 높은 도의적 꼭짓점에 올라 있다. 송나라 때의 육전陸佃은 『비아埤雅』라는 책에서 양을 이렇게 찬미했다. "양은 뿔이 있어도 그것을 사용하지 않으니 마치 인자仁者와도 같지 않은가. 잡아도 울지 않고 죽여도 소리치지 않으니 마치 의義에 죽는 것과 같지 아니한가. 어린양이 어미 양의 젖을 빨 때는 반드시 무릎을 꿇으니 마치 예를 알고 있는 것처럼 보이는구나."

그렇기 때문에 의로움을 나타내는 의義 자에도 희생한다는 희犧 자에도 양의 문자가 들어있다. 설문해자의 풀이 그대로 양은 길한 것을 나타내는 상祥 자로 통한다. 농경문화에서는 양보다 소가 훨씬 친숙한 가축인데도 그 덕목의 평가에서는 점수가 낮다. 『맹자』를 보면 소는 죽음 앞에서 겁을 먹고 허둥대지만 양은 아무런 두려움 없이 의연하게 죽음을 맞는다고 되어 있다. 그렇기 때문에 한자 동네에서 살아온 한중일 세 나라 사람들은 양을 아름답고 착하고 의로우며 하늘에 바쳐지는 성스러운 짐승으로 설정하고 있다.

동서 문화 비교의 축

한자 모양의 양과 비슷한 글자는 바빌로니아의 유적에서도 발견된다고 한다. 기원전 2000년경 아시아의 서단, 가나안의 땅에서도 양은 한자가 내포하고 있는 뜻과 마찬가지로 착하고 아름다운 짐승으로서 사랑을 받아왔다. 이스라엘 민족의 역사가 시작되는 야훼의 신은 양을 가장 좋은 것, 착한 것으로 삼았다고 구약의 창세기에 기록되어 있다. 신약성서에서도 마찬가지이다. 예수님이 십자가 위에 못 박히시기 직전 의로운 자를 양에게 악한 자는 염소에 비유하여 "양은 그 오른편에, 염소는 왼편에 두리라."(마태복음 25:33)라고 말씀하셨다.

"동은 동 서는 서"라고 말한 키플링도 양 앞에서는 침묵할 것이다. 양은 동서 문명을 잇고 기독교 문화와 유교간의 접점을 보여준다. 특히 중국은 관념적 세계만이 아니라 실생활 속에서도 서방과 다를 것 없이 양을 치고 종교적인 제례에서도 양을 제물로 바쳤다. 사자숙어에서 보듯이 양과 생활해 본 사람이 알 수 있는 비유나 격언들이 많다. 그래서 동서

문화의 차이를 쉽게 들여다볼 수 있다.

양두구육의 속 뜻

양두구육羊頭狗肉이라 하면 양의 머리를 걸어 놓고 개고기를 판다는 뜻
으로 겉과 속이 다름을 나타낸 말이다. 여기에서 우리는 예로부터 양고
기가 개고기보다 비싸게 거래되었다는 것을 알 수가 있다. 그러나 서양
의 목축민에게는 사냥용이나 양치기를 돕는 쉐퍼드로서 개가 양보다 훨
씬 비싼 존재이다. 그러므로 개를 식용으로 하는 식풍속도 없었다. 반면
농경생활권에서의 개는 도둑을 지키는 것 외에 달리 용도가 없기 때문에
식용으로 삼는 일이 많았다. 옛날에는 중국을 비롯해 한국과 일본에서도
개를 먹는 것이 예사로운 일이어서 개화 이후 개를 에워싼 문화마찰이
생겨났다. (프로이스의 일본사에는 "일본인들은 서양 사람들이 양고기를 먹듯이
개고기를 먹는다."고 지적한 대목이 나온다.)

다기망양多岐亡羊이라는 것도 마찬가지이다. 양 한 마리를 잃은 주인이
동네 사람을 모두 동원하여 잡으러 갔다가 빈손으로 돌아왔다는 고사에
서 나온 말이다. 길이 하나면 한 방향으로 도망갔을 것이니 쉽게 찾을 수
있겠지만 길이 여러 갈래로 갈라져 있으면 온 동네 사람이 다 나서도 찾
지 못한다. 그래서 학문이나 사물을 헤아릴 때 그 방법이 너무 번잡하고
의미가 복잡하면 목적을 이룰 수 없다는 뜻으로 쓰이는 말이다.

중국의 양은 돼지처럼 울타리에서 기르는 것으로, 초원에서 몰고 다니
는 유목민의 방식이 아니었음을 짐작하게 한다.

이뿐만 아니다. 중국에서는 양을 아름답고 착하고 길상을 상징하는 가축으로 상정하였지만 막상 양치기에 대해서는 서방의 목자처럼 신이나 지도자를 비유하는 존재로 대우하지 않았다. 반대로 양치기들을 잡아 양과 함께 제물로 바치는 일까지 있었다.

이는 역시 중국문화는 유목문화보다 농경문화가 주류를 이루고 있었다는 방증이며 중국문화의 원류를 거슬러 올라가 보면 농경과 유목의 문화적 갈등이 빚어내는 놀라운 문화 유형이 혼재해 있었음을 알 수 있다.

양과 조개의 문화원형

다시 한 번 되풀이 하지만 양은 생활문화에서는 낯선 동물이지만 한자 속에서는 동아시아 삼국의 이념적 아이콘이 되었다는 점을 상기해 보자. 역시 한자문화 속의 양은 서양에서는 찾기 힘든 특성을 갖고 있다는 것을 알게 된다. 한자 속의 양은 한자의 패貝에 대응하는 의미 체계를 지니고 있다는 점이다. 가령 카토 테루加藤徹같은 일본의 신예 학자는 중국문화의 원형의 역사적 흔적을 양과 조개의 한자에서 찾으려 하고 있다.

동방계의 농경민족인 은殷나라와 서방계의 유목민족인 주周나라가 그렇다는 것이다. 은나라는 교역의 화폐로서 자안패子安貝를 사용한, 고도로 발달한 물질문명을 만들어낸 종족이었다. 그러므로 그들의 문화적 아이콘은 조개로서, 조개 패貝 자를 부수로 하는 한자들이 그들의 손에 의해 만들어진 것이라고 한다. 재산財産이나 재화財貨를 나타내는 단어에는 모두 조개 패貝가 들어 있다. 물건을 사고 파는 매매賣買 그리고 부귀富貴

의 귀貴와 보물寶物의 보寶에는 예외 없이 조개 패貝가 들어 있고 부에 대응되는 빈貧도 귀의 반대인 천賤도 모두가 조개 패貝로 표시된다. 은나라를 상商이라고 하는데 오늘날 우리가 사용하고 있는 상인을 비롯하여 상품, 상업 등의 단어는 모두가 은나라에 뿌리를 두고 있는 말이다.

이에 비해 은나라를 정벌한 주周나라 사람들은 양을 몰며 그것으로 하늘에 제사를 지내기도 하는 서방계의 유목족이었다. 그들의 아이콘은 물질의 상징인 조개가 아니라 권선징악적인 윤리나 제물로 쓰이는 신성한 양이다. 은의 상업 지향과 달리 이 서방의 유목족은 이념지향적인 문화를 만들어냈다. 그리하여 조개 패貝가 붙은 단어는 은나라 농경문화의 파워를 나타내고 양羊이 붙은 단어는 주나라의 유목문화를 상징하는 키워드가 되었다는 것이다.

정신과 물질의 이중구조

그래서 3천 년 전 은주혁명을 통해 중국문화의 특성을 분석해 보면, 아주 단순한 것 같지만 유교적 전통을 지켜온 이념지향적 중국인의 특성과 동시에 핫가客家와 화상華商에서 보듯 상술에 능한 물질지향적 중국인의 양면적 이중구조가 선명하게 드러난다.

비로소 한자의 밈(meme: 문화적 유전자)을 공유하고 있는 한국과 일본의 문화 속에 우리도 모르게 감춰져 있는 양과 조개 콤플렉스의 정체를 이해할 수 있게 된다. 이러한 가설을 근거로 십이지의 양을 분석해 보면 동서 문명은 물론 삼국의 문화적 특성을 측정할 수 있는 중요한 단서들을 알아낼 수 있을 것이다.

흔히 서양의 문화를 물질주의, 동양의 문화는 정신주의로 생각하고 있지만 실상을 따지고 들어가 보면 그 반대일 수도 있다는 여러 가지 역설을 발견하게 된다. 어떤 면에서 보면 동아시아 삼국은 서양 중세의 종교 사회처럼 성이 속을 지배하고 정신이 모든 물질적 생활을 압도한 역사를 만든 적이 없다. 이슬람 국가처럼 철저한 종교주의 사회를 만든 적도 없다. 쉽게 서구문화를 받아들일 수 있었던 것은 서양과 같은 이념주의의 양 문화를 지니고 있으면서도 동시에 은나라의 현실주의와 물질주의를 실행하는 조개 패貝의 세속문화를 공유하고 있었기 때문이 아닌가.

침묵하던 양들이 말하기 시작한다

한 걸음 더 나아가 중국에 전해오는 한 민담을 통해서 그 해답을 찾을 수도 있을 것이다. 한국이나 일본과 달라서 중국에서는 양에 대한 설화 민담을 만만치 않게 찾아 볼 수가 있다. 그중에서도 놀라운 이야기 하나를 발견할 수 있는데, 그것은 이 세상에 있는 오곡伍穀과 잡곡에 대한 기원 설화이다. 원래 이 땅에는 오늘날과 같은 곡식이 없기에 사람들은 먹을 것이 없어 피골이 상접한 상태로 늘 굶주리고 있었다. 그것을 본 착한 양이 인간을 위해 몰래 하늘나라 옥황상제의 밭에 있는 오곡을 비롯한 잡곡들을 훔쳐 지상으로 내려왔다. 그래서 오늘날 가을수확 때 농민들이 농악을 하는 것은 하늘에서 오곡을 갖다 준 양에게 제사를 지내는 하나의 의식으로 풀이된다는 것이다.

놀랍지 않은가. 희랍 신화의 프로메테우스가 불을 훔쳐온 것처럼, 양은 인간을 위해서 하늘나라의 밭곡식을 훔쳐왔다. 그것도 위험을 무릅쓰고 하늘의 밭을 지키고 있는 감시인이 잠자는 틈을 타서 그 이삭들을 물어다 준 것이다.

이 이야기는 단순히 양의 착한 성품만을 보여주고 있는 것이 아니다. 그것은 양으로 상징되는 유목문화와 오곡의 수혜자인 농경문화가 충돌이 아닌 서로 융합하고 결합하는 조화의 세계를 나타낸 것으로 풀이된다.

양과 조개를 아이콘으로 하는 은과 주. 그 근원적인 문화의 두 원류가 만나 하나의 강물처럼 흐르고 있는 그 비밀 말이다.

이 책에 담긴 소망

카인과 아벨의 이야기에서 보듯 유목민의 양과 농경민의 곡식은 공존하기 힘들다. 생활양식과 가치관이 다르기 때문이다. 농경민은 곡식을 가꾸기 때문에 근본적으로 한곳에 정주하고 있는 식물적인 세계에 속해 있고 유목족은 양과 같이 다리 달린 가축을 끌고 이동하는 동물적인 세계에 귀속되어 있다. 한자 동네에서 수천 년 살아온 동아시아 사람들은 그것이 유목적이든 농경적이든 간에 그 생활양식이나 가치관의 충돌과 모순을 뛰어넘어 서로 상생할 수 있는 접점을 만들어내지 않았나 싶다.

그렇다. 십이지신의 양(未)은 정오의 오(말)에서 살짝 비켜, 문자 그대로 오후午後 자리에 위치한다. 여름의 절정이 아니라 몰래 가을을 준비하는 계절에 위치하는 것이다. 그리고 장소일 때 역시 정남도 정서도 아닌 그 사이에 위치한다. 상극과 투쟁을 피해 순순히 무릎을 꿇을 줄 아는 유순한 짐승, 양은 자유보다 더 귀한 복종의 의미를 나타낸다. 그래서 살아있는 양은 못 보아도 옛 조상들은 무덤의 상석象石에서 침묵하고 있는 양들을 보아왔다.

우리에게는 낯설기만 하던, 그러나 이념의 세계에서는 어느 짐승보다 가까이 했던 양들의 평화. 이제 한국의 문화 속에 깃든 아름답고 착하고 의로우며, 때로는 큰 것을 위해 자기를 희생할 줄 아는 양들의 이야기를 들어 보자. 그리고 한자 동네에서 함께 다듬어온 동아시아의 묵은 덕목들을 다시 찾아내어 조개 패貝에 치우쳐버린 우리 일상의 모습들을 비추어 보자는 것이다. 옛날에 누렸던 패권주의의 기억을 기웃거리고 다니는 중국사람, 일본사람에게 폭력보다 더 귀하고 강한 것이 바로 옳은 것을 향해 무릎 꿇을 줄 아는 양들의 복종이라는 것을 들려주자.

그리고 한발 더 나아가서 유목문화와 농경문화의 갈등과 같은 오늘의 문명 충돌을 극복하고 우리를 화해와 융합의 정신으로 묶어줄 노끈을 찾을 수도 있을 것이다. 2000년 가까이 동아시아 문화에서 침묵하던 양 떼들이 지금 우리에게 무엇을 이야기하려고 하는지 귀 기울여 보자.

이어령

한중일
문화 속의 양

총론:
한중일 신화·전설 속의 양

양의 민속

십이지十二支에서 양羊은 미未로 표기되며 여덟 번째의 동물로 나타난다. 그 많은 동물 중에서도 열두 동물 속에 끼어 인간과 밀접한 관계를 맺어오게 된 것은 양의 특성 때문이다. 양띠 해에 태어나는 사람은 온순하고 고지식하고 희생정신이 투철하다고 한다. 아마도 양의 성질이 온순하기 때문일 것이다. 그래서 양의 해에 며느리가 딸을 낳아도 구박하지 않는다는 예로부터의 속설이 있는 것은 양이 순박하고 온순하며 평화를 상징하기 때문이 아닐까 한다. 양은 다투지 않고 평화로운 동물이다.

양의 종류에는 여러 가지가 있다. 그 특성에 의해서 여러 문자로 표기된다. 고羖나 저羝는 숫양을 말하는 것이고, 장牂은 암양을 말한다. 빛깔로 구별할 때 분粉은 흰양, 검은 양은 유羭라고 하며, 태어난 지 5개월 된 것은 저羜, 또 키가 6자尺 되는 것은 겸羬이라 한다. 그러나 대개는 양을 면양과 산양(염소)으로 나누는데 이 둘은 생물학 특성이 다르다. 양과 염소는 수염, 뿔, 두형頭形, 털 등 신체적 특징으로 구분된다. 흔히 우리나라에서는 양과 염소를 동류로 보는 경우가 있다.

정초 십이지일의 하나로 '첫 염소날'을 상미일上未日이라고 한다. 우리는 보통 양과 염소를 분명하게 구분하지 않고 함께 사용한다. '미년未年'에 태어난 사람을 '양띠'라 하기도 하고, '염소띠'라고 하기도 한다. 한자 양羊은 현재 우리가 말하는 면양綿羊과 산양山羊을 포함한다. 면양은 양이라고 하고, 산양은 우리말로 염소라고 한다. 한반도 풍토에서는 산양이 자생하기 쉬운데, 특히 경상도 지역에서는 양날, 양띠보다는 염소날, 염소띠라는 말이 더 많이 사용된다. 첫 염소날에 특기할 만한 민속은 거의 없다.

전남에서 염소는 그 걸음걸이가 방정맞고 경솔하다고 하여 이날 출항을 삼가는 곳도 있다. 경거망동을 했을 때 바다에 나가서 해난을 만난다고 믿기 때문이다. 제주도에서는 이 날 '미불복약未不服藥'이라 하여 환자라 해도 약을 먹지 말라고 한다. 염소와 양에 해당하는 십이지의 '미未'자가 '아닐 미' 자이기 때문에 이 날은 약을 먹어도 효과가 없다고 전한다. 이러한 일들을 제외하면 염소는 온순한 짐승이기 때문에 이날 무슨 일을 해도 해가 없다고 한다. 다른 정초 십이지일은 주로 '-해서는 안 된다', '-를 삼간다'는 등 근신하고 조심하는 풍속이 많은데 비해, 이날만은 비교적 좋은 날로 여겨서 여러 가지 일을 거리낌 없이 하는 날로 되어 있다.

양과 염소는 반드시 갔던 길로 되돌아오는 고지식한 정직성이 있다.

속담에 '염소띠는 부자가 못 된다'고 하는데 염소띠 사람은 염소처럼 너무 정직하여 부정을 못 보고, 너무 맑아서 부자가 되지 못한다는 것이다.

한국인은 양과 염소를 순하고 어질고 착하며 참을성 있는 동물이자 무릎을 꿇고 젖을 먹는, 은혜를 아는 동물로 인식한다. 양, 염소 하면 곧 평화를 연상하듯 이 동물들은 실제로도 성격이 순박하고 온화하여 싸우는 일이 없다. 양과 염소는 무리를 지어 군집 생활을 하면서도 동료 간의 우위 다툼이나 암컷을 독차지하려는 욕심도 갖지 않는다. 성격이 부드러워서 좀처럼 싸우는 일이 없으나 일단 성이 나면 참지 못하는 다혈질이기도 하다. (『한국세시풍속사전(정월편)』, 국립민속박물관)

한편 양은 청정淸淨, 인내, 겸손을 나타내기도 한다. 양털과 젖을 제공하기 때문에 자애慈愛로도 상징된다. 기독교에서는 최후의 심판에 축복을 받을 사람을 양으로 비유하고 악인은 산양으로 비유했다. 양은 희생 제물로 쓰이기도 했다. 그리하여 '속죄의 희생 제물'로 상징되는 예수 그리스도를 표상하기도 한다.

나는 선한 목자라 내가 내 양을 알고 양도 나를 아는 것이 아버지께서 나를 아시고 내가 아버지를 아는 것 같으니 나는 양을 위하여 목숨을 버리노라. 또 우리에 들지 않은 다른 양들이 내게 있어 내가 인도해야 할 테니 저희도 내 음성을 듣고 한 무리가 되어 한 목자에게 있으리라.

아버지께서 나를 사랑하시는 것은 내가 다시 목숨을 얻기 위하여 목숨을 버림이다. 이를 내게서 빼앗는 자가 있는 것이 아니라 내가 스스로 버리노라. 나는 버릴 권세도 있고 다시 얻을 권세도 있으니 이 계명은 내 아버지에

게서 받았노라. (요한복음 10:14-18)

　정초 놀이에 윷놀이가 있다. 윷놀이에는 다섯 동물이 등장한다. '도'는 돼지, '개'는 개이고, '걸'은 양, '윷'은 소, '모'는 말이다. 양은 한자로 양 羊이다. 염소는 작은 새끼양이라 하여 '고羔'로 쓰고 불러왔지만 '고'라는 발음이 '걸'로 변해왔다고 한다. '양'은 한번 점수가 나면 3점이다. '걸'은 손가락에 비유하면 가운데 손가락에 해당한다. 중요한 위치이다. 윷놀이는 일종의 병법놀이이기 때문에 말판 쓰기에 있어서 서로 잡히지 않고 빨리 목적지에 가려는 지혜와 그것을 잡으려는 경쟁이 수반된다. 그런 까닭에 윷놀이는 자발적이며 기쁜 감정으로 남녀노소 가족 누구나 참여할 수 있고 일정한 약속과 규정에 따라 진행된다. 이처럼 경쟁 속에서도 협동과 준법정신이 돋보이는 놀이인 것이다.

한국의 설화 속의 양

　고려 말의 어느 날, 이성계가 꿈을 꾸었다. 그가 양을 잡으려고 하자 양의 뿔과 꼬리가 빠져 놓친 것이다. 꿈에서 깨어난 이성계는 괴이하게 생각하여 무학을 찾아가 꿈 이야기를 했다. 무학은 무척 기뻐하면서 이성계가 왕이 될 것이라는 예언을 했다. 즉 '양羊'에서 뿔이 빠졌다는 것은 羊에서 뿔에 해당하는 'ㅛ'와 꼬리에 해당하는 'ㅣ'이 떨어져나가 '王' 자가 남으니 임금이 된다는 것이다.
　이후 양 꿈은 길몽이 되었다고 한다.

백양사의 유래에 대하여 다음과 같은 전설이 구전된다.

원래의 이름은 백암사였는데, 조선 선조 때 환양선사가 영천암에서 금강경을 설법하여 수많은 사람들이 구름처럼 몰려들었다. 법회가 3일째 되던 날 하얀 양이 내려와 스님의 설법을 들었고, 7일간의 법회가 끝난 날 밤 스님의 꿈에 흰 양이 나타나 '나는 천상에서 죄를 짓고 양으로 변했는데 스님의 설법을 듣고 다시 환생하여 천국으로 가게 되었다'며 스님에게 절을 하였다. 이튿날 영천암 아래 흰 양이 죽어 있었다고 한다. 그 이후 절 이름을 백양사로 고쳐 불렀다.

양을 소재로 한 소담笑談도 있다.

하느님이 세상에 쓸모없는 것은 몽땅 없애려고 하니까, 소가 생각해 보니 자기는 논이나 밭을 갈 때 일을 하므로 무사하다고 생각했다. 하느님이 양을 불러 말하기를 "너는 세상에서 쓸모없는 동물이 아닌가. 매일 먹기만 하니까 없애려고 한다."고 하자, 양은 대답하기를 "나는 사촌 덕으로 먹고 있으니 타인에게 신세진 일이 없습니다요."라고 했다. 하느님이 "네가 방금 말한 사촌이란 누구냐?" 하니까 양은 "소입니다." 하고 대답했다. 다시 하느님이 묻기를 "어째서 소가 너와 사촌 간이란 말이냐?" 하니까 양이 말하기를 "소도 발굽이 둘로 갈라져 있고 나도 발굽이 둘로 갈라져 있지요. 또 소도 뿔이 둘이고 나도 둘이지 않습니까." 하고 대답했다. 그리고 또 말하기를 "이것은 어머님의 유전입니다."라고 말하더란다. (손진태, 『조선민담집』 민속원)

양 떼로부터 뒤에 처진 아기 양이 늑대에게 쫓겼다. 힘껏 달리던 아기 양은 뒤를 돌아보며 말을 건넸다.

"늑대님, 늑대님, 나는 내가 당신의 먹이인 줄 알고 있어요. 그렇지만 이대로 그냥 죽기는 너무나 억울해요. 한번 춤이나 추고 죽게끔 피리를 불어주셔요, 늑대님."

"그거야 어렵지 않지, 네 마지막 소원이니 들어주마."

늑대는 열심히 피리를 불었다. 피리 소리를 따라 아기 양은 소리 높이 노래를 부르면서 춤추기 시작하였다. 둘이서 한참 피리를 불고 노래 부르고 춤을 추는데, 멀리서 피리 소리를 들은 양치기 개들이 몰려와서 늑대를 쫓기 시작하였다.

"아뿔싸! 내가 새끼 양의 꾀에 깜박 속았구나. 내가 바보였어. 나는 짐승을 잡아먹는 도살자이니까, 음악가 흉내 내는 것부터가 큰 잘못이었어."

늑대는 부리나케 달아나면서 이같이 투덜대었다. (「양에게 속은 늑대」, 이솝 우화)

술의 기원을 설명하는 데에 양이 등장하는 이야기가 있어 소개하고자 한다. 결국 술은 악마가 준 선물이라는 것이다.

이 세상 최초에 인간이 포도나무를 심고 있었다. 인간이 "나는 지금 놀라운 식물을 심고 있지." 하고 말하자 악마가 "이거 처음 보는 식물인데." 하고 대답했다. 그래서 인간은 악마에게 이렇게 설명했다. "이 식물에는 아주 달고 맛있는 열매가 달린다고. 그래서 그 국물을 마시면 아주 행복해지지." 그러자 악마는 자기도 꼭 동업자로 넣어달라고 부탁하면서 양과 사자, 원숭이와 돼지를 끌고 와서 죽여 그 피를 거름으로 부었다.

포도주는 이렇게 해서 생겨난 것이다. 술은 처음 마시기 시작할 때는 양처럼 온순하고 조금 더 마시면 사자처럼 사나워지고 더 마시면 원숭이처럼 춤추고 노래 부르며 더 많이 마시면 토하고 또 마시게 되어 돼지처럼 추해지거니와 이것은 악마가 인간에게 준 선물이다. (유태인의 지혜 『탈무드』)

중국의 양 이야기

옛날, 천자가 매년 계동季冬에 다음 해 12달의 책력을 제후諸侯에게 나누어 주었는데, 제후는 이것을 받아가지고 가 선조先朝의 종묘에 간직해 두고 매달 초하루에 양羊의 희생을 바쳐 종묘에 고한 후 그 달의 책력을 꺼내어 나라에 펴던 일이 있었다. 노魯나라의 문공文公에 이르러 이런 일은 없어지고 다만 양을 바치는 습관만 남았으므로 전轉하여, 쓸데없는 비용이나 허례虛禮의 뜻으로 쓰이는 일을 '고삭희양告朔餼羊'이라 한다. 그런데 본래의 고삭古朔의 의미는 없어지고 형식만이 남아 있어서 그러한 형식만이라면 그만두는 것이 어떠냐고 하는 자공子貢의 의견에 대해 공자가 한 말이 있다. 형식이라도 남아 있으면 이것이 언젠가 본래의 의미가 부활하는 계기가 되지 않겠는가 하는 것이다.

망양보뢰亡羊補牢란 말은 양이 달아난 뒤 울을 고친다는 뜻으로 '소 잃고 외양간 고친다'는 말과 같다. 망양지탄亡羊之歎이란 말은 도망한 양을 쫓는데 갈림길이 많아서 마침내 잃어버리고 탄식하였다는 뜻으로, 학문의 길이 다방면이어서 진리를 깨닫기가 어려움을 한탄하는 것을 비유하는 말로 쓰인다.

양을 사육하는 사람은 양의 성질을 잘 알기에 성공한다는 이야기도 있다. 옛날 한漢나라 무제武帝 때 복식卜式이라 하는 사람이 있었다. 그는 상림원上林園의 목장을 관리하고 있었다. 양의 수가 1년 만에 불어나고 양들이 통통히 살이 찌고 털도 좋아 무제가 만족했다. 그래서 복식을 칭찬했더니 "백성을 다스리는 데도 양을 관리하듯이 하면 성공할 것입니다." 하고 대꾸했다. 그 때문에 복식은 어사대부御史大夫(부총리)에 임명되었다 한다.

일본의 양 이야기

일본에는 원래 양이 존재하지 않았다. 야생 염소의 화석은 물론 고분시대古墳時代에 발굴된 하니와埴輪에서도 발견되지 않았다. 『일본서기日本書紀』에 의하면 추고천황推古天皇 7년(599) 가을인 9월에 백제로부터 낙타, 나귀, 흰 꿩이 각 한 마리씩 그리고 양 두 마리가 왔다고 한다. 이 기록으로 본다면 꽤 오래전부터 일본에 양이 상륙한 것으로 짐작이 가나 사실 양에 대해 일본인들이 알고 있는 지식은 없다. 일반 사람들은 양을 보통 '히쯔지'라고 한다. 그런데 이 일본말 '히쯔지羊'가 언제부터 쓰이기 시작했는지 나와 있는 문헌도 없고 언어학자들도 모른다고 한다. 뿐만 아니라 양털을 방한용으로 사용하는 법도 모르고 양고기를 먹어 본 사람도 드물다. 일본의 풍토로 볼 때, 건조한 것을 좋아하는 양이 습기가 많은 일본에서는 살기가 적당하지 않기 때문인 것으로 보인다. 습도가 높은 지역에 나는 목초는 부드럽고 수분이 많아 양에게 좋을 듯하지만 사실은 그렇지 않다. 일본은 양의 생육지로서는 부적당하다. 여러모로 생각해 볼 때 일본에 양이 수입된 것은 훨씬 후인 명치 초기가 되지 않을까 한다.

그러므로 양에 대한 일반인들의 지식은 지극히 제한적이며, 설화나 양에 대한 민속도 없다고 할 수 있다.

최인학

중국에서의
양 신화와 전설

양은 십이지十二支의 하나로 꼽힐 정도로 중국인의 삶과 밀접한 관련이 있는 동물이다. 농업사회로 정착하기 전 양은 유목의 중요한 대상이었으며 이러한 정황은 민족지적 성향을 띤 고전 『산해경山海經』에 여러 양태로 묘사되어 있다. 가령 각지에 서식하는 동물 중 양과 관련된 기록이 많은데 영양羚羊, 검은 숫양羭, 암양羬羊 등 여러 종류의 양이 등장한다. 이들 중 암양은 그 기름으로 피부 터진 것을 낫게 하는 효용을 지니고 있기로 유명하다. 또한 양은 신성한 희생물로 간주되어 소, 돼지와 함께 태뢰太牢(큰 제사)의 희생물로 쓰이며 단독으로 제사에서 양을 사용하는 경우도 많다. 이 경우에는 숫양 한 마리의 사지를 찢어 제물로 바치거나一牡羊副, 암양을 찔러 피를 내서 바치는刏一牝羊, 獻血 등의 방식이 있다.

양이 이처럼 종교적으로 신성시된 고대 중국에서는 양에 대한 신화도 일찍부터 성립되었다. 가령 고대 중국에서 신의 모습은 양의 몸을 하고 있는 경우가 많다.

「서차삼경西次三經」의 첫머리 숭오산崇吳山에서 익망산翼望山 사이에는 모두 23개의 산이 있고 그 거리는 6,744리에 달한다. 이곳의 신들은 모두 양의 몸에 사람의 얼굴을 하고 있다. 그 제사 예법은 한 개의 길옥吉玉을 땅에 묻고 젯메쌀로 메기장을 쓰는 것이다.

(凡西次三經之首, 崇吳之山至于翼望之山, 凡二十三山, 六千七百四十四里. 其神狀皆羊身人面. 其祠之禮, 用一吉玉瘞, 糈用稷米.)**1**

「동차삼경東次三經」의 첫머리 시호산尸胡山에서 무고산無皋山까지는 모두 9개의 산이 있고 그 거리는 6,900리에 달한다. 이곳의 신들은 모두 사람의 몸에 양의 뿔이 나 있다. 그 제사에는 한 마리 숫양을 쓰고 쌀로는 기장을 쓴다. 이 신들이 나타나면 비바람이 치고 큰물이 져서 밭을 망치게 된다.

(凡東次三經之首, 自尸胡之山至于無皋之山, 凡九山, 六千九百里. 其神狀皆人身而羊角. 其祠, 用一牡羊, 米用黍. 是神也, 見則風雨水爲敗.)**2**

다시 동북쪽으로 150리를 가면 교산驕山이라는 곳인데 산 위에서는 옥이, 기슭에서는 청확靑臒이 많이 난다. 신 타위鼉圍가 이곳에 살고 있는데 사람의 얼굴에 양의 뿔, 호랑이의 발톱을 하고 있다. 늘 저수雎水와 장수漳水의 깊은 곳에서 노니는데 물속을 드나들 때면 광채를 발한다.

1 『산해경山海經』, 「서차삼경(西次三經)」
2 『산해경山海經』, 「동차삼경(東次三經)」

(又東北百伍十里, 曰驕山, 其上多玉, 其下多青雘 神䰠圍處之, 其狀如人面, 羊角虎爪, 恒遊于雎漳之淵, 出入有光.)**3**

이 양의 모습을 한 신들은 산신인 경우 인간의 정중한 제사를 받으며 기상을 조절할 수 있는 능력을 지녀 농사에 영향을 미치기도 하고, 신 타위처럼 수신이 되어 강물 속에서 노닐기도 한다.

산신, 수신과 더불어 양의 모습을 한 괴물, 즉 신화적 동물도 많이 등장한다. 가령 신들의 거소인 곤륜산崑崙山에 사는 토루土螻는 생김새가 양 같고 네 개의 뿔이 있는데 함부로 신성한 산에 접근하는 사람들을 잡아먹었으며 남방의 순산徇山이라는 곳에 사는 환患이라는 괴물은 양 같이 생겼는데 입이 없고 어떻게 해도 죽일 수가 없었다고 한다. 아마 '불가사리不可殺伊'의 원조가 아닌가 한다. 그러나 가장 특이한 괴물은 아마도 구오산鉤吾山에 사는 포효狍鴞일 것이다.

다시 북쪽으로 350리를 가면 구오산鉤吾山이라는 곳인데 산 위에서는 옥이, 기슭에서는 구리가 많이 난다. 이곳의 어떤 짐승은 양의 몸에 사람의 얼굴을 하고 눈은 겨드랑이 아래에 붙어 있으며 호랑이 이빨에 사람의 손톱을 하였는데 내는 소리는 어린아이와 같다. 이름을 포효狍鴞라고 하며 사람을 잡아먹는다.

(又北三百伍十里, 曰鉤吾之山, 其上多玉, 其下多銅. 有獸焉, 其狀如羊身人面, 其目在腋下, 虎齒人爪, 其音如嬰兒, 名曰狍鴞, 是食人.)**4**

3 『산해경山海經』, 「중차팔경(中次八經)」
4 『산해경(山海經)』, 「북차이경(北次二經)」

포효는 어린아이 울음소리를 내며 사람을 잡아먹는 가증스러운 식인 동물이다. 그런데 주석에 의하면, 이 괴물은 성질이 탐욕스러워 사람을 잡아먹고도 만족지 못하면 제 몸을 물어뜯었다고 하니 실로 과욕의 화신이 아닐 수 없다. 포효의 이러한 이미지는 그리스 신화에서의 궁귀窮鬼들린 에리직톤을 연상케 한다. 에리직톤 역시 과욕의 화신으로 제 몸까지 먹어치워 나중에는 입밖에 남지 않았다고 한다. 탐욕으로 인해 제 몸까지 물어뜯었다는 포효의 신화는 지나친 욕심이 결국 몸을 망친다는 교훈을 시사하는 듯하다.

양에 대한 신화적 이미지는 중세에 이르러 도교적 상상력에 의해 전유專有되어 신선전설로 변용된다. 가령 양은 신선의 화신이 되기도 한다.

수양공修羊公은 위魏나라 사람이었다. 화음산華陰山의 석실 한가운데에 돌침대를 걸어놓고 그 위에서 잤는데 돌이 닳아 뚫어질 지경이었다. 거의 밥을 먹지 않았고 가끔 둥굴레 뿌리를 가져다 먹을 뿐이었다. 나중에 도술이 있다 하여 경제景帝를 배알하였는데 황제는 예로써 대우하여 왕궁에 머물도록 하였다. 몇 년이 지나도 도술을 배울 수 없자 조칙을 내려 묻기를, "수양공의 능력은 언제 발휘될 것인가?"라고 하였다. 말이 채 끝나기도 전에 침상 위에서 흰 양으로 변하더니 그 옆구리에 글을 써놓기를, "수양공이 천자께 감사드립니다."라고 하였다. 후일 돌 양을 영대靈臺에 두었다. 양은 나중에 다시 사라져서 어디 있는지를 모른다.

(修羊公者, 魏人也. 在華陰山上石室中, 有懸石榻, 臥其上, 石盡穿陷, 略不食, 時取黃精食之. 後以道干景帝, 帝禮之, 使止王邸中. 數歲道不可得, 有詔問, 修羊公能何日發. 語未訖, 床上化爲白羊, 題其脇曰, 修羊公謝天子. 後置石羊于靈臺. 羊後復去,

不知所在.)[5]

이 밖에도 양에 대한 신비한 인식은 몇 가지 전설을 낳기도 한다. 가령 영양은 산속의 모든 짐승들이 범접을 못하는 가장 고귀한 동물로 간주되었으며 이에 따라 산속의 묘지에는 말과 더불어 양을 돌로 만들어 세웠는데, 양마석羊馬石의 영양은 짐승들이 무덤을 파헤치고 시신을 훼손하는 것을 방지해준다고 간주되었다. 양은 또한 음욕淫慾이 강하여 교미를 많이 행하는 동물로 인식되었다. 옛날에 누군가 양의 뒤를 쫓아가 보았더니 양이 어떤 풀을 뜯어 먹고는 열심히 교미를 하였다고 한다. 그리하여 그 풀을 복용하였더니 힘이 샘솟아서 풀의 이름을 음양곽淫羊藿이라고 명명하였다는 전설이 있다. 실제로 음양곽은 정기精氣를 돋우는 데 효과가 있는 한약재로 쓰이고 있다.

중국에서의 양 신화와 전설은 농경문화와 관련 있는 용 신화와 전설만큼 풍부하지는 않지만 고대 유목문화를 바탕으로 양의 변신인 신과 괴물, 신선 등의 신화, 전설적 존재를 둘러싸고 길흉, 선악과 관련된 다양한 의미를 함유하면서 전래되어오고 있음을 알 수 있다.

정재서

---

5 유향(劉向), 『열선전(列仙傳)』

기호로서의
양이 창출해 낸 전설

가축 양과 목축 문명의 기원

가축은 개를 제외하면 기원 전 7000~6500년경의 서아시아에서의 양, 산양이 가장 이른 것으로 여겨지고 있다. 문화인류학자 타니 야스시谷泰는 오랜 기간에 걸쳐 서아시아와 지중해 지방을 방문하여 목축 현장을 자세히 관찰하고, 여기에 동물 고고학의 선행 연구 성과를 근거로 해서 인류 문명사에 있어 어떻게 가축화가 시작되며 사람과 가축의 관계, 착유, 거세, 전업 목부 등의 관리 기법이 전개되었는지를 연구하였다.

야스시는 정착적인 수렵민이나 농경민이 야생의 양, 산양을 책柵에 몰아넣는 사냥을 하거나, 무리에 사람을 붙여 새로 태어난 개체에 듬뿍 풀을 주어 스스로 인간의 거류지에 머무르는 개체를 만들었다고 생각했다.

세대 교대를 통해 그러한 개체가 증가하면서 집합적으로 행동권을 공유하는 무리가 발생한 것이 가축의 탄생으로 연결되었다는 것이다. 밀집된 무리 속에서 신생자가 밟히고 상처 입는 것을 피하기 위하여, 인간들이 신생자를 어미 개체로부터 격리하고, 어미와의 만남과 수유를 이용해 젖을 짜는 착유 기술을 만들었다고 했다. 게다가 치밀한 모자 관계의 네트워크를 유지하기 위해 집단적이면서 개별적인 관리가 필요하게 되고, 무리 전체를 개별 개체에 주목하여 제어하는 목부라는 존재가 성립하면서 방목 시에 무리를 유도하며 관리를 보좌하는 거세수컷 개체의 기법이 개발되었다고 추론했다. 덧붙이자면 산양은 비옥한 초승달 지대(Fertile Crescent: 나일 강과 티그리스 강, 페르시아 만을 연결하는 고대 농업 지대) 전 지역에 걸쳐서 가축화 진행의 고고학적 증거를 찾아낼 수 있는데 비해, 양 가축화의 유적은 그 중앙부, 터키의 타우루스 산맥 남쪽 산기슭으로부터 이란의 더글로스 산맥 서쪽 기슭에 걸친 지역에서 발견할 수 있다.

고대 오리엔트 문명 발생 시에 이미 인민의 지배자가 '목동'이라는 말로 형용되었고 크리스트교 세계에서는 정신의 교도자인 사제에게 목자 pastor 등 양의 관리자를 나타내는 말이 붙여졌으며, 한국과 중국에서도 백성을 다스리는 관리에게 목민관이라는 말이 붙여졌다. 이와 같이 유라시아 대륙에서는 고대로부터 목축문화가 이어져 내려와 중요한 문화적 발상의 근원이 되고 있다. 또한 야스시는 지배자를 보좌하는 내시가 무리를 유도하는 거세수컷去勢雄, 곧 castrated male 개체 기법을 인간 세계에 적용한 것이라고 추측하고 있다.

양 방목에 적합하지 않았던 일본의 무성한 숲

양과 산양은 말에 비해 큰 무리의 원야 방목에 잘 맞는다. 서아시아 지중해 유역으로부터 유럽, 중앙아시아, 몽골, 중국 동북부에 걸쳐 우량이 적고 넓은 초원이 전개되며, 숲이 있어도 수목 아래에 자라는 풀이 적은 소림疎林이기 때문에 목부가 이끄는 대규모 양과 산양의 방목이 일찍부터 전개되었다. 그러나 일본은 몬순 아시아의 북쪽에 위치하여 하계 우량이 많아 풀이 무성히 자라 밀림으로 덮여 있기 때문에, 큰 무리를 이끄는 방목은 불가능에 가깝다. 그 때문에 대륙 문화와 함께 가축 기법이 도입되었을 때에도 평소에는 농경민이 울타리 안에서 기르고, 하계에는 산과 들에 자유롭게 풀어두는 소와 말 사육만이 정착했다.

게다가 전답에 씨를 뿌리는 '마키撒き'와 소와 말을 방목하는 '마키牧き'가 '손 밖에 내는 것'을 의미하는 '마키'라는 말에 의해, 또한 쌀이나 작물을 거두어들이는 '카리刈り'와 야생동물을 사냥하는 '카리狩り'가 '수중에 모으는 것'을 의미하는 '카리'라는 말로 표현되듯이 생업 대상을 식물과 동물로 준별하지 않았다. 거기에는 우리가 오늘날 일반적으로 이용하는 서구 기원의 수렵, 채집, 목축, 농경 구분에서는 표현할 수 없는 동식물과 혼연일체가 된 생활의 영위가 있었다고 할 수 있을 것이다. 따라서 일본에서는 메이지明治 유신 시기가 되어 서구에서 근대적인 목축 기법이 도입될 때까지 대륙에서 널리 전개되었던 목부에 의한 본격적인 방목 관리도, 거세나 착유의 기법, 음유飮乳의 관행도 뿌리내리지 않았던 것이다. 고대 중국으로부터 배워 율령제가 정비되었던 시대에는 대륙의 식생활 문화로서 유제품 생산과 이용이 인정되었지만 중세에 가서 소멸

되었다. 에도江戸 시대의 바쿠후幕府와 유명한 발명가 히라가 겐나이平賀源内 등 민간인이 양 사육을 시도하였으나 성공하지는 못했다.

이처럼 일본인은 유라시아 대륙에서 광범위하게 전개된 양, 산양을 중심으로 본격적인 방목을 하는 목양 문화로부터 본질적으로 동떨어진 땅에서 문화를 영위해왔다. 그리고 메이지 이후 서구에서 목축 기술을 도입한 이후에도 화창한 날이든 비오는 날이든 무리를 이끌고 밤낮 없이 개체 각각의 운명을 주시하는 목부의 삶에 대한 이해는 없었던 것이다.

고지기古事記나 니혼쇼키日本書紀, 후도키風土記 등의 문헌을 아무리 찾아 봐도 신화나 전설상에 '동물로서의 양'이 다루어진 예가 없는 것은 이와 같은 이유에서다. 초목이 울창하게 우거진 숲에서는 목부가 양 무리를 이끌며, 성서에서 말하듯 길 잃은 새끼 양을 찾는 장면은 등장할 수 없었다. 또한 소와 말에도 거세 기술이 이용되지 않았으며, 인간 사회에서도 내시 제도가 도입되지 않은 독특한 문화를 형성했다. 양과 인간이 만나 함께 살아갈 수 있는 환경이 있느냐 없느냐에 따라 문화나 문명의 성격에 큰 차이를 가져왔던 것이다. 목축 관습이 뿌리박힌 지역과 일본 사이에서 문화나 문명에 대한 비교를 하는 경우, 서로의 우열을 묻는 것이 아니라 각각의 자연 조건, 역사적 전개, 문화 교류에 대해 보다 깊고 넓게 이해하려는 노력을 빠뜨릴 수 없다.

십이지의 '히츠지'

그러나 그런 일본에서도 '문자로서의 양'은 이상하리만큼 익숙한 존재로서 계승되어 왔다. 에도 시대의 대표적인 백과사전『와칸산사이즈에和漢三才図会』(1713)의 양 항목에도 산양과 같은 모습의 양이 그려지는 등, 근대에 들어설 때까지 서민 대부분이 양 모습을 알지 못했던 나라로서는 뜻밖의 일이 아닐까. 그것이 가능했던 것은 십이지의 시스템이 일본에 도입되어 연월일과 시각, 방위, 시간 및 공간을 나타내는 기호로서 정착했는데 그 안에 양이 포함되어 있었기 때문이다.

용은 상상의 영수靈獸임에도 불구하고 구체적인 형상으로 그려지고, 호랑이도 일본에 서식하지 않았지만 호피가 활발하게 수입되어 천황으로부터 이후에는 무사계급에서까지 귀하게 여겨졌으며, 고양이를 본뜬 것이라고는 하나 회화에 그려지고 이야기의 소재로도 이용되었다. 여기에 비하면 십이지 동물 중에서 일본인에게 가장 실체도 없이 추상적인 관념에 머문 것이 양이었다. 그러면서도 기호로서의 양은 일본 문화에서 무리 없이 기능했다.

십이지에서는 未자에 양을 할당하고 있다. 은 시대의 갑골 문자에도 등장하는 십이지는 중국의 천문학에서 목성이 12년에 걸쳐 하늘을 일주하는 것에서 착안해 목성의 위치를 나타내기 위해 하늘을 12등분 한 호칭이었다. 여기에 사람들이 친근하게 책력을 기억할 수 있도록 동물의 명칭을 할당하였다는 것이 후한의 문인 왕충王充의 설이다. 일본에는 6세기 중반 무렵에 불교의 십이신 장将 표현과 함께 전해져 십간십이지가 궁중이나 사원, 신사에서 이용되는 등 지식계급을 통해 침투되면서 에도 시대에는 널리 일반 사회에까지 깊이 뿌리내리게 되었다. 따라서 12년의 8주째가 미년, 음력 6월이 미월이며, 12일마다 미일, 오후 2시를 중심으로 그 전후의 1시부터 3시까지가 미시, 남남서의 약간 북쪽이 양의 방위인 것이 에도 시대에는 서민에게조차 공기와 같이 자연스러운 일이었던 것이다. 원래 중국에서 십이지의 未에 양을 할당한 것 자체가 필연성이 없었으니, 십이지를 받아들인 일본인도 양의 실상을 알지 못할지라도 부자유스럽지 않았으며 상관 없었다는 것인지도 모른다.

다만 한 가지 강조해 두고 싶은 것은 양이 존재하지도, 목축문화가 뿌리내리지도 않은 채 그 테두리 밖에 있었던 일본에 양을 의미하는 '히츠지ひつじ'라는 고유어가 존재하고 있다는 것이다. 羊을 일본에서의 한자음 '요'로 읽지 않고 이 야마토고토바和語를 사용함으로써 추상적이기만 하던 양을 어느 정도는 친근한 존재로 느낄 수 있었으리라. 십이지에 의해 정해진 연월일이나 시간, 방위도 이 '히츠지'라는 이름으로 불리게 되면서 한층 더 자연스럽게 표현할 수 있었다. 그렇다면 '히츠지'의 어원은 무엇일까. 여러 설이 있지만 가장 많이 인용되는 설은 미시가 해가 떠서 기울기 시작할 무렵이라는 데서 히노츠지日の辻로 불렸던 것에 유래한다는 이야기다. 에도 시대 전기 유학자 가이바라 에키겐貝原益軒이 저술한 어원사전『니혼샤쿠묘日本釈名』(1699)에 실려, 에도 시대 후기 국학자 타니가와 고토스가谷川士清가 편찬한 국어사전『와쿤노시오리和訓栞』(1777~1887) 등에서 전개된 설이다. 일본 최고의 어원사전이라는 가마쿠라 시대의『묘고키名語記』(1268) 등도 '츠지辻(분기점)'와는 다르지만 시각설을 소개하고 있다.

실은 시각설 외에도 한국어나 중국어에서 유래되었다는 설, 일본어의 고어를 생략했다는 설이 있어 학문적인 정설은 존재하지 않는다. 그러나 시각설에서 본다면 양이 존재하지 않으면서도 일본인이 양에 대한 고유어를 가질 수 있었던 것은 십이지 시스템 덕분인 것이다. 어쨌든 이 친근한 '히츠지'라는 말이 있었기에 근대에 들어 다시 양 목축이나 크리스트교가 전해졌을 때에도 타문화에 대한 이해의 심도는 예외로 하더라도 양 목축 기술이나 메타포를 유연하게 받아들여 이식, 번역할 수 있었던 것이 아닐까.

일본에서의 유일한 양 전설

3세기 말에 쓰인 『삼국지』의 위서 기시와진덴魏志倭人伝(東夷伝倭人条의 약칭)에 '其の地に, 牛, 馬, 虎, 豹, 羊, 鵲無し'라 하여 고대 일본에 양이 없었다는 것이 중국의 정사에도 기록되어 있다. 일본으로의 양 도입은 『니혼쇼키日本書紀』에 스이코 천황 7년(599) '百濟より, 駱駝一足, 驢一匹, 羊二頭, 白雉一隻を貢る'가 가장 오래된 기록인데 이 양은 고대 중국어로 산양을 의미한다는 설도 유력하다. 그 외에 『니혼기략日本紀略』에 신라인이 820년 '白羊四', 당인唐人이 935년에 '羊数頭'를 진정進呈했다는 기록과 『후소략기扶桑略記』에 송나라 상인이 1077년 '羊二頭'를 헌상했다는 기록이 있다. 어느 기록도 진귀한 동물로서 궁중에서 키웠다는 것을 상상하게 하는 정도일 뿐 양의 신화나 전설에 결합되는 것은 아니다.

그런데 이러한 일본에도 유일한 양 전설이라고 할 수 있는 것이 있다. 이것은 문자나 시각를 나타내는 '기호로서의 양'으로 유래하는 전설이다. 간토関東 지방 북서부 오늘의 군마 현群馬県에 히츠지다유羊太夫로 불리는 사람이 있었다. 다유太夫란 오위 이상을 가리켜 부르는 관직의 등급 호칭으로 지방에서는 장로를 가리킨다. 그는 텐무天武 천황이 통치하고 있던 나라奈良 시대, 슈초朱鳥 9년(695)에 해당하는 미년, 미월, 미일, 미시에 태어났다 하여 히츠지사마羊樣라고도 불렸다. 그는 매일 말을 타고 군마群馬에서 미야코都인 나라까지 직선으로 4~500km나 떨어진 거리를 하늘을 날아 왕래하며 궁정에서 근무하고 있었다. 오후 2시부터 4시 사이의 미시에 나라를 출발하면, 오후 4시부터 6시의 신시에는 돌아올 수 있었다고 한다. 이는 현대의 신칸센을 타도 불가능한 속도이다. 군마와 나라의 중간에 해당하는 나고야에는 히츠지다유가 미야코에 근무 중에 들른 저택 자리라는 곳에 히츠지 신사羊神社가 있으며, 헤이안平安 시대 전국의 신사를 정리한 『엔기시키진묘초延喜式神名帳』(901~930)에는 '尾張の国山田郡羊神社'라고 기록되고 있다.

그러던 어느 날 히츠지다유는, 그를 늘 도보로 수행하던 야츠카 코하기八束小脛라는 동자가 나무 그늘에서 낮잠을 자고 있는데 그 옆구리에 날개가 붙어 있는 것을 보고는 장난삼아 뽑아버렸다. 그러자 발이 빠르던 동자가 달릴 수 없게 되어 히츠지다유도 미야코에 갈 수 없게 되었다. 미야코에서는 히츠지다유가 모습을 보이지 않자 모반을 꾀하고 있다는 오해를 하였고 군대가 파견되어 토벌당한다. 히츠지다유는 금나비로 화해 날아갔지만 결국에는 자살했다. 또한 히츠지다유의 처와 딸 일곱 명도 자해하여 일곱 개의 신여御興에 실려 매장되었다. 그 자리에 나나코시야마七輿山 고분이 실재하여 이 비극을 전하고 있다.

히츠지다유羊太夫 전설은 문서 기록 대부분이 에도 시대 이후지만, 같은 군마 현群馬県에 8세기 후반 지어진 것으로 추정되는 타고히多胡碑라는 비석이 존재한다. 여기에는 '三百戶郡成給羊'이라는 기술이 있어 300호를 나누어 새로운 군을 만들고 羊에게 지배를 맡긴다는 의미로 해석할 수 있다. 『조쿠니혼키続日本紀』에도 나라 시대 와도和銅 4년(711)에 타고 군多胡郡을 설치했다는 기술이 있다. 타고히는 중국 북위의 웅혼雄渾한 육조풍이라고 하는데 유명한 고구려 광개토왕비(414)의 자풍과도 닮았다. 에도江戸 시대 유학자 이토 토가이伊藤東涯에 의해 소개되어 전국의 문화인에게 알려져 청나라에서도 서도書道 역사상의 가치를 인정받았다. 오늘날 일본 3대 고 비석의 하나로 나라의 특별 사적으로 지정되어 있다. 타고히의 羊과 히츠지다유羊太夫 전설의 羊이 동일 인물인지에 대해서는 여러 설로 나뉘어, 역사적 고증에 의해 다른 인물이라는 설도 유력하다. 그러나 현지에서는 타고히 자체도 '히츠지사마'로서 예로부터 신앙이 되어왔다고 한다. 또한 히츠지다유에게는 니기아카가네和銅로 불리는 동괴銅塊를 발견하여 조정에 헌상한 공적으로 타고 군을 하사받았다는 전승이 있어, 채동기술을 가진 도래인과 연관이 깊은 것으로 추측하는 설도 있다.

이처럼 미스터리한 히츠지다유 전설이지만 그 전설의 핵심에 '羊'이라는 기호로서의 힘이 있다는 것은 단언해도 좋을 것이다. 고대에 세워진 비석에 새겨진 연월일과 시각에만 유래하는 이름이 구체적인 동물 모습을 떠오르게 하지 않기에 이형異形의 영웅으로서의 히츠지다유의 캐릭터가 형성된다. 그리고 히츠지다유 전설은 중앙에 대한 지방민의 동경과 비애를 상징하고 있다. '멀리 떨어진 미야코에 가뿐하게 초고속으로 통근을 할 수 있었으면' 하고 그 지역에서 용이하게 나갈 수 없는 사람들은 생각했을 것이다. 또한 약간의 방심이나 실패가 원인이 되어 멸망해버린 히츠지다유에게서 중앙 권력에 휘둘려 희생당하는 지방민의 슬픔이 겹치는 것은 아닐까.

이리하여 일본의 유일한 양 전설은 유라시아 대륙의 목축문화에서 양의 메타포가 담당해온 희생이라는 역할에 의외로 근접해 있다고 할 수 있다.

그런데 일본에 유일한 종으로 자생하는 수련 꽃이 있어 오래전부터 히츠지구사未草(羊草)로 불려왔다. 불교에서 존경받는 연꽃을 닮아 연못이나 늪의 수면에 희고 청초한 꽃을 피운다. 이 야마토고토바和名도 매일 미시에 개화하여 저녁에 지는 데서 이름이 붙여졌다고 한다. 다이쇼大正, 쇼와昭和기의 시인이며 동화작가로, 동일본 대지진 때에도 「아메니모마케즈 雨ニモマケズ」라는 시로 주목받은 미야자와 겐지宮沢賢治는 고향인 이와테 현岩手県 하나마키花巻의 병원을 위해 「Tearful eye(涙ぐむ眼)」라는 이름을 붙인 독창적인 화단을 설계했다. 이것은 크리스트교의 성녀나 헌신적인 간호사를 떠오르게 하는 아름다운 눈동자를 꽃들의 색채로 재현하는 것으로 속눈썹 하나하나를 작은 수목으로 표현하고, 눈동자의 중앙에 어두운 색의 팬지, 홍채부와 백안으로 파랑과 흰색 브라키캄(히메코스모스)을 배치하고, 눈시울과 눈초리는 물병에 넣은 히츠지구사를 띄워 표현한 부분이 훌륭하다. 이 수련 꽃이 오후 2시 무렵에 흰 꽃을 피우는 것이 마치 눈동자로부터 눈물방울이 넘쳐흐르는 것처럼 보이는 효과를 낸다고 그는 계산했다. 히츠지구사도 히츠지다유와 마찬가지로 미未에 할당한 시간에 유래하는 이름이지만, 오늘날 바라보고 있으면 양의 흰빛이나 순진함도 생각나게 되는 불가사의한 꽃이다.

어쩌면 일본인은 기호로서의 양을 계승함으로써 유라시아 대륙의 넓은 지역에 걸쳐 있는 양 문화와 유니크한 대화나 교류를 전개하는 열쇠를 얻었을지도 모른다. 그리고 현대에 이를 살리기 위해서는 동물로서의 양, 양과 인간의 교류사, 기호로서의 양에 더하여 다양한 지구 환경이나 현대문명 한복판에서의 양의 운명을 깊고 신선한 눈빛으로 들여다보아야 할 것이다.

하마다 요 | 이향숙 옮김

참고문헌

- 山中襄太, 『語源十二支物語』(1976), 大修館書店

- 荒俣宏, 『世界大博物図鑑』(1988), 第伍巻〔哺乳類〕, 平凡社

- 大垣さなゑ, 『ひつじ 羊の民俗・文化・歴史』(1990), まろうど社

- 南方熊楠, 『十二支考』(下) (1994), 岩波文庫

- 吉野裕子, 『十二支 易・伍行と日本の民俗』(1994), 人文書院

- 前尾繁三郎, 『十二支攷』(2000), 第四巻吾・羊, 前尾繁三郎先生遺稿集出版刊
  行委員会発行, 思文閣

- 藤井純夫, 『ムギとヒツジの考古学』(2001), 同成社

- 鄭高詠, 『中国の十二支動物誌』(2005), 白帝社, 二〇〇伍

- 谷泰, 『牧夫の誕生 羊・山羊の家畜化の開始とその展開』(2010), 岩波書店

제 2 부

회화 속의 양

한중일 그림 속의 양
– 약하나 어질며 착하고 순한 동물

『수신기搜神記』는 기이한 인물고사를 다룬 중국 최초의 저술 가운데 하나로 지괴소설志怪小說로 분류된다. 중국 동진東晉(317~420) 원제元帝(317~323 재위) 때 저작랑著作郎을 지냈던 간보干寶의 저술로 알려져 있다. 후대 첨삭을 감안하지 않을 수 없으나 신선과 도사, 기인과 괴물 및 자연계의 이변異變 등 각종 신기한 일로 그득하다. 이 중에는 사람 손 크기의 양羊갈비가 하늘에서 떨어진 일화, 우물을 파다가 흙장군 형태로 출토되어 '흙속의 요괴'로 불린 분양賁羊, 고산군高山君이라 자칭하며 스스로 신神 행세를 하다 잡혀죽은 양 이야기 등이 들어 있다. 이는 중국, 나아가 한자문화권에 있어서의 양에 대한 일반적인 인식과 관념을 대변하는 것으로 사료된다.

인류와 양 – 같은 무리들

식량 때문에 이동을 하던 우리 인류가 떠돌이 유목민遊牧民 생활을 청산하기에 이른다. 기후가 온화하고 물이 많아 식물을 재배하기 용이한 곳에서 정착이 이루어졌다. 식물뿐 아니라 자연 상태로 존재했던 야생동물을 가축家畜으로 기르게 되었다. 그중에서 소, 개, 말과 더불어 양을 뺄 수 없을 것이다. 양은 인간의 삶에 있어 오랜 세월 동안 큰 역할을 하였다. 무엇보다도 털은 옷감을 짤 수 있어 방직기술紡織技術의 발전과 함께 산업 혁명産業革命에도 기여했다. 그뿐 아니라 양고기는 식탁에서 환영을 받아왔고 서구인들의 체격 증진에도 크게 기여했다. 지방은 비누를 만드는 데 쓰였다. 오늘날 우리 주변에서 양을 보기는 쉽지 않지만, 지구상 다른 지역에는 가축 외에 고지高地에서 자생하는 야생의 양도 적지 않다. 인도 세밀화 중에 무굴 왕조 악바르 왕 시기(1556~1605) 미스키나 제작의 「부정한 아내 이야기」나, 갈색 종이에 단조로운 색조와 선묘 위주로 그린

「부정한 아내 이야기」 미스키나, 1595년, 23.6×13.7cm, 옥스퍼드 보들레이안 도서관

「야영野營」, 펀자브, 갈색종이에 선묘 17.3×26.8cm, 대원사 티벳 박물관

「야영野營」 등은 생활 속의 양이 등장한 그림으로 풍속화적인 성격을 지닌다.

　소과에 속하는 양은 사막과 같은 건조한 지역에서 잘 견디기에 먹이인 목초만 있으면 그냥 풀어 놓아 기른다. 양은 세계 여러 지역에 두루 분포하며, 히말라야 및 아프리카 야생종 산양이 잘 알려져 있다. 히말라야 산양은 히말라야, 인도, 아라비아 등의 3종으로 분류한다. 이중 히말라야 종이 가장 크며 털은 붉은 빛이다. 인도 종은 털이 회색이고 가장 작으며 아프리카 산양은 키가 크고 뿔이 길다.

　모직毛織을 만드는 양은 히말라야의 붉은 털을 가진 양을 개량한 것이다. 영국 산양은 식용으로도 잘 알려져 있다. 양은 뿔이 있는 것과 없는 것, 털이 긴 것과 짧은 것 등 여러 종류가 있다. 모든 종은 모여서 생활하며 성격이 유순하다. 어린 시절 기대어 앉길 좋아하면 어른들께 '양 체질'이라고 반쯤 나무라는 말씀을 듣던 기억도 있다. 순한 동물이란 생각에서 별로 고깝지 않고 거부감 없이 받아들이기도 했다.

　양과 닮은 염소가 있다. 한자로는 고羔라고 쓰는데, 고양羔羊이라 하면 '염소와 양'의 뜻도 있고, '어린 양'이란 의미도 있다. 고羔는 새끼 양과 염소라는 두 의미로 사용된다. 염소는 넓은 의미로 양에 포함되기도 하며, 양과 마찬가지로 염소도 소과에 속한 가축이다. 염소는 산양山羊으로 불리기도 한다. 성질이 활발하고 행동이 민첩하며, 긴 수염이 있어 양과 구별된다. 동양의 옛 그림에선 이들이 함께 그려지기도 한다.

　사막지대 여행 때 현지서 들은 이야기로, 양에 비하면 적은 수이나 염소를 같이 방목한다고 한다. 양은 서로 몸을 밀착시키는 습성이 있어 추운 곳이 아닌 폭염 지역에선 서로 뭉쳐 그 열기에 죽는 경우도 있다. 그러나 염소는 양 사이를 끼어들어 쑤시고 돌아다녀 이들을 떼놓는 역할을 한다는 것이다. 진실성 여부를 동물학자에게 묻진 못했지만 매우 그럴 듯하게 여겨진다.

조형미술과 회화 속의 양 – 암각화와 고분벽화, 그리고 일반회화

한자문화권에서 양 그림은 지역에 따른 차이가 없지 않으나 대체로 세 분야에서 살펴볼 수 있다. 알타이 지역 선사시대 미술인 청동기시대 「산양山羊」이 보여주는 암각화 岩刻畵, 역사시대로 접어들어 고분벽화古墳 壁畵, 그리고 동물화로는 본격적인 감상화鑑賞畵

「산양」(탁본), 청동기시대, 중국 알타이 지역, 개인

등이다. 유목민족 삶의 일상사인 목마牧馬나 목우牧牛로는 암각화에 이어 고분벽화 등에도 방목으로 무리를 이룬 양을 그린 「목양牧羊」을 들 수 있다. 민족의 이동과 문화전파의 진원지震源地 측면에서도 그러하듯 몽골, 시베리아 문화와 우리나라 암각화는 연결되는 것으로 보는 것이 학계의 일반적인 견해이다. 다만 한국의 암각화나 고분벽화, 경주 일정 지역에서 출토되는 신라시대 토우土偶도 마찬가지이며, 나아가 조선시대 감상용 일반 회화에서도 양은 좀처럼 찾아보기 어렵다.

중국 청대 고위직 관료로 그림에 뛰어나 신하로서 제왕과 합작合作하는 영광을 얻은 이를 공봉화가供奉畵家라 칭한다. 청淸 고종高宗(1712~1799)

이 3마리 양을, 화조로 명성이 높은 추일계鄒一桂(1686~1774)가 배경을 그려 군신君臣이 합작한 「개태도開泰圖」가 전해온다. 이는 명明 선종宣宗의 그림을 방한 것이다. 우리도 고려 말 공민왕恭愍王(1330~1374) 그림으로 전해오는 소품이 간송미술관과 국립중앙박물관에 있다.

「개태도開泰圖」(부분), 1772년, 청 건륭乾隆(1712~1799), 비단에 채색 127.7x63.0cm, 타이베이 고궁박물원

그러나 조선 왕조 전체를 살필 때 조선 후기 고사인물화故事人物畫를 제외하곤 본격적인 동물화 범주에서 양이 주인공인 그림은 몹시 드물다. 20세기 초 근대 화단을 장식한 조석진趙錫晉(1852~1920)이나 안중식安中植(1861~1919)이 이 소재를 남긴 것은 근대성과 통하는 의외의 사실에 속한다. 스승 장승업張承業(1843~1897)에게선 찾아볼 수 없기 때문인데, 초지草地 등의 문제로 우리 풍토가 양 기르기에 적당하지 않은 탓에서 그 이유를 찾게 된다.

비단과 종이에 그린 것은 양에 관련된 중국의 고사인물화로, 신선이 된 황초평黃初平과 역사적 인물인 소무蘇武, 부처가 타계하자 슬퍼하는 사람들뿐 아니라 다양한 새와 맹수 및 가축 등 여러 동물을 등장시킨 「열반도涅槃圖」, 그리고 동물화 범주의 양 등은 한·중·일 삼국에서 모두 살필 수 있다. 그러나 그림 소재의 측면이나 농사나 교통수단 및 전쟁 등 실용성 측면에서 근대 이전의 생활에서 뗄 수 없는 말과 소, 그리고 십장

생+長生에 드는 사슴 등에 비해서는 상대적으로 등장 빈도頻度가 낮은 동물이라는 점이 동아시아 세 나라 모두에서 공통적인 양상이라 하겠다.

무수히 많은 초식동물草食動物들이 풀을 찾아 쉼 없이 줄기차게 그리고 묵묵히 이동한다. 이 장관을 다큐멘터리로 제작한 영상물 화면에서 접한 적이 있다. 〈동물의 왕국〉과 같은 프로는 어린이뿐 아니라 나이 든 이들이 특히 즐겨 본다는데, 그 나이가 되어서인지 이에 공감한다. 참으로 감동적이지 않을 수 없었다. 마치 알타미라나 라스코 동굴 벽화의 동영상을 보는 것처럼 목이 긴 기린과 들소, 그리고 경쾌한 동작을 짓는 사슴이며 순하디순한 양에 이르기까지 많은 동물들이 무리를 이루어 끝없이 이동한다.

이는 치열한 삶을 영위하는 인간의 한평생에 결코 뒤지지 않는 고된 여정旅情이기에 가슴 뭉클한 감동으로 다가왔다. 더러는 맹수의 먹이로 희생되면서, 이를 바라보는 무리 중 한 마리의 슬픈 눈매는 우리 눈가를 촉촉하게 적시기까지 한다. 너나없이 한 번뿐인 삶과 생명은 인간뿐 아니라 각종 동물 및 하찮게 보이는 미물微物일지라도 다르지 않다. 생명과 존재는 엄숙하고 고귀하여 외경畏敬이 아닐 수 없다. 악어와 악어새가 그러하듯 생명의 무게는 결코 개체의 무게와 비례하지 않는다.

기원전 14세기 조형예술 – 고분 껴묻거리副葬用 용기

우리 인류가 기원전 9000년경 최초로 양을 사육한 것으로 확인된 고고학적 유적지는 이라크 북부 자그로스 산맥에 위치한 자위 헤미샤니다르이다. '비옥한 초승달' 지대로 불리는 이란의 알리 코쉬에서는 염소를 기원전 7500년경 최초로 길렀다. 터키의 아나톨리아 지역에서는 기원전 5500년경 소를 사육하였다. 기니피그 등 중남미에서도 기원전 6000년경부터 양을 사육했다. 양은 특히 유목민족遊牧民族과 밀착되니 사막에서 탄생한 종교인 기독교와는 뗄 수 없는 동물이다.

1922년 카너본 경의 후원을 받은 영국의 고고학자 하워드 카터Howard Carter(1874~1939)에 의해 테베 부근 왕릉 계곡에서 세계적인 발굴이 이루어졌다. 기원전 14세기에 활동한 이집트 18왕조의 12대 왕 투탕카멘(기원전 1333~1323)의 무덤에서 황금으로 된 관과 마스크를 한 미라, 함께 수장된 수천 점의 유물이 비로소 그 모습을 드러냈다. 불과 8살의 나이에 등극하여 18세에 타계한 그의 무덤에서 출토된 유물 중에 설화석고로도 불리는 방해석方解石과 금, 유리, 상아로 만든 뱃머리, 야생 양 형태의 꼬리로 그 안에 사당과 여인들이 등장하며 늪에서 보트를 타고 여행하는 「아이벡스 보트」는 재생再生과 영생永生을 상징한다.

중국의 도철문饕餮文 고동기를 비롯해 우리나라 가야의 오리 형태 조형 토기와 신라의 서수형瑞獸形 토기가 보여주듯 조류를 비롯해 각종 동물의 모형을 본 딴 용기用器의 제작은 인류의 문화 전반에서 고루 엿볼 수 있는 공통적인 요소이다. 이집트에서 또한 마찬가지로 투탕카멘의 황금마스크 머리 앞이마에서 뱀과 새의 형상이 보이는데, 동물형 각종 용기들은 8왕조에 훨씬 앞선 고왕국의 전통을 이은 것이다. 내부가 빈 용기인 '양 모양 용기'는 방해석과 청동, 석영, 상아 등으로 만들어졌다. 안에든 향료를 훔치려는 도굴꾼에 의해 뿔 하나가 잘리는 등 손상을 입었으나 매우 사실적이고 정교한 솜씨를 찾아볼 수 있다. 아울러 같은 무덤에서 발굴된 의자를 장식한 무늬 중에서도 산양이 보이며 파피루스에 쓰인 '사자死者의 서書'에도 산양이 등장한다. 목가구 중에도 상아 장식까지 들어가 있는 문양에서 표범이 산양을 포획하는 장면이 보인다.

「양 모양 용기」, 높이 27.5cm, 이집트 투탕카멘 무덤

의식주 전반에 걸친 여러 용도로 보면 한자문화권에도 결코 생경한 동물은 아니다. 이미 선사시대 암각화로부터 고분벽화 그리고 일반 감상화에서 이르기까지 두루 살펴볼 수 있다. 인류가 가장 먼저 사용한 금속인 청동기는 제사에 사용되는 각종 의기儀器로 제작되었다. 한자문화권에선 그림이나 도자기에 앞서 중국 상商(기원전 14~11세기) 왕조의 상징으로 쓰였다. 이때 제작된 의식용 조수형鳥獸形 고동기古銅器와 칼 손잡이 등 무기武器에서 양이나 산양을 살필 수 있다. 이들 의기들은 다양한 형태에 사실적이거나 도철문饕餮紋과 같이 추상적인 무늬가 혼재해 여러 면에서 독특함을 지닌다.

중국 베이징 중국역사박물관의 「사양방존四羊方尊」과 동시대 제작된 일본 네즈 미술관 소장 「쌍양존双羊尊」은 기형의 상부에 매우 사실적인 양두羊頭가 각기 네 방향과 양쪽에 손잡이인 양 당당하게 등장한다. 하북성 만족자치현滿族自治縣에선 양두가 장식된 동검이 출토되었고 시대 고분에서 출토된 옥석玉石으로 된 작은 장신구류에 용, 호랑이, 곰, 올빼미,

「사양방존四羊方尊」, 商 安陽期, 기원
전 11~14세기, 높이 58.3cm, 베이
징 중국역사박물관

「산양형간두식山羊形竿頭飾」, 기원전
6~7세기, 높이 18.8cm, 에르미타주
미술관

매미 외에 양도 있다. 시대가 내려와 시카
고 미술관과 에르미타주에는 「산양형간
두식山羊形竿頭飾」이 소장되어 있다. 프랑
스 루브르 박물관에는 중국 한漢 유승묘劉
勝墓 출토 양형청동등羊形銅燈이 소장되어
있다.

　고동기인 금속에 이어 자기磁器로 동진
東晋 감로甘露 원년(256년)묘에서 양형청
자羊形靑磁가 출토되었다. 1973년 우리나
라 삼국시대 백제 한성기漢城期 고분인 강
원도 원주 법천리法泉里 2호분 석곽묘石
槨墓에서 출토된 「양형청자」는 백제 중앙
과 관계가 있는 지방의 유력자가 복속의
대가로 하사받은 것으로 추정된다. 구멍
에 초를 꽂은 흔적이 있어 초를 꽂는 받
침대로 사용한 것으로 추정되며 동진東晋
(378~418) 월주越州 가마에서 만든 것으
로 알려져 있다. 중국 남경박물관에 있는
남경南京 상산象山 7호분에서 출토된 「양
형청자」와 매우 비슷하다. 강소성江蘇省
남경시南京市 동남쪽 외곽 청룡산 기슭에서 손권孫權의 손자인 오嗚의 4
대 황제 손호孫晧(재위 264~280) 때 종실 귀족인 손오孫嗚의 묘墓로 비정
된다. 시대가 내려와 생활용기로 용도가 전혀 다른 명 15세기 「청화백자

양문 대접」의 표면을 장식한 무늬에서 동시대 그림을 보는 듯 각기 다른 자세를 취한 세 마리 양을 만날 수 있다.

바빌론에서 유래한 12궁宮 또는 12수獸에 백양白羊이 포함된다. 12궁은 양 이외에 사자와 전갈, 쌍어 등으로 구성된다. 12궁은 전국시대戰國時代에 중국으로 전래되어 도교道敎의 청룡 · 백호 · 주작 · 현무의 4신과 함께 방위신方位神, 수호신守護神으로 정착한다. 당唐에 이르러서는 묘지墓誌 장식이나 부장용으로 사람의 몸에 동물의 머리를 한 십이지支 형상이 성립된다. 쥐 · 소 · 호랑이 · 토끼 · 용 · 뱀 · 말 · 양 · 원숭이 · 닭 · 개 · 돼지의 12마리 띠 동물로 구성한다. 통일 신라 때 당唐 영향을 받아들여 왕릉이나 상류 귀족의 무덤에 석인석수石人石獸를 배치하게 된다. 하지만 능陵의 봉토를 보호하기 위한 호석護石에 십이지를 새긴 것은 신라의 독창이며, 이를 양각한 경우는 문인복색을 한 김유신 묘(673)와 무장武裝을 한 경덕왕릉(764) 및 헌덕왕릉(825) 등이 있고, 이들보다 작은 납석제로 제작된 십이지 중에도 양이 있다.

한 · 중 · 일 동양 삼국을 살필 때 문화 전반이 그러하듯 조형예술에 나타난 양은 중국이 단연

「양형청자」, 東晉(4세기 전반), 높이 13.2cm, 강원도 원주 법천리 , 국립춘천박물관

「양형청자」, 東晉(4세기 전반), 높이 12.4cm, 江蘇省 南京市 棲霞區 7호 동진묘 출토, 南京市博物館

「청화백자 송죽매 삼양도 완」, 明 嘉靖 (1522~1566), 높이 103cm

김유신 묘(673)와 경덕왕릉(764),
십이지의 양상, 국립경주박물관

선구적이며 다양하고 수량적인 측면에서도 한국이나 일본에 비해 두드러진다.

양과 인류의 문화 – 의식주 모두에 걸쳐

오늘날 몽골에선 초원의 말과 양 떼, 파오 등 풍광을 세밀화細密畵처럼 작은 화면에 세필로 담은 그림 외에 관광 기념품의 하나로 실제 양털을 사용해 만든 장난감처럼 보이는 앙증맞은 작은 양과 낙타 인형 등을 판매한다. 건축하는 작은 딸이 대학생 시절인 2004년 몽골에 집짓기 봉사를 다녀오며 가져온 이 귀여운 양이나 낙타 인형과 악기를 작게 만든 모형, 그리고 초원에서 방목 중인 양 떼 사진 등이 서재 한 모퉁이를 차지하고 있다. 우리 인류에 있어 단순한 장난감이 아닌 공예나 조각 및 회화 등 조형미술에서 양은 오랜 역사를 지닌다.

양은 천진한 어린이의 이미지와 통하는 느낌으로 다가온다. 떼 지어 함께 사는 이들은 유순한 동물로 서로 잘 싸우지 않고 목동에게 덤벼들

「방목 중인 양」, 몽골 초원, 이보람 사진, 2004년

지도 않는다. 유목민족의 생활에서 뗄 수 없는 동물이기도 하다. 기원전 5천년 경에는 세계 도처에서 가축화되어, 고대 그리스 등에서 일찍부터 그 고기가 식탁에 올랐다. 동서양 모두에서 젖과 고기는 주식으로, 털가죽은 추위를 막는 옷으로 애용되었다. 한자에서 아름다움을 가리키는 글자인 미美는 '양羊과, 크다(大)'의 합성어로, 살찌고 큰 양이 아름다움의 척도가 되었던 것이라 그 연원을 설명하기도 한다.

중국에서는 소나 돼지보다도 양고기 가격이 높은 것으로 알려져 있다. '양의 머리를 내걸고 개고기를 판다'는 양두구육羊頭狗肉이란 고사성어가 말하듯 식육食肉으로 중요한 것이기도 했다. 제사에도 올리는 다섯 마리 동물 중의 하나로, 오늘날도 공자孔子 제사를 지내는 석전제釋奠祭 때 뿔이 있는 소 등과 더불어 양이 제수祭需에 포함된다. 양털은 모직毛織이란 옷감이 될 뿐더러, 가죽 그대로 조끼와 비슷한 옷인 배자를 할머니들이 입기도 했다. 또한 양털로 붓을 맨 것을 양호필羊毫筆이라 부른다. 인쇄술이 발달하기 이전 중세에서는 양 가죽을 깨끗이 씻어 펴서 잘 말린 뒤 글씨를 쓰는 종이로 이용했다. 성경聖經도 이 양피지 위에 쓴 것으로 건조한 사막의 동굴 등에서 잘 보관된 것들이 발견되곤 했다.

양복洋服은 모직毛織이 주류이며 옷 외에 각종 양가죽과 생활용품 그리고 식육食肉에 이르기까지 소에 뒤지지 않을 만큼 모든 것을 인간에게 준다. 레스토랑의 어원도 양으로부터 왔다. restaurant은 프랑스어로 '체력體力을 회복시킨다'라는 뜻의 동사 restaurer에서 비롯한다. 프랑스에서 18세기 후반 처음으로 팔기 시작한 보양식保養食 스프에서 시작되어 점차 이것이 음식점이란 의미가 되었다. 이 스프의 재료가 양의 다리이며, 이 스프를 파는 가게라는 뜻으로 레스토랑이라 부르기 시작해 점차 일반적인 음식을 제공하는 장소를 지칭하게 된다. 서구문명에 있어 그리스와 로마의 신화, 철학과 함께 오늘에 이르기까지 긴 세월 그들의 정신적인 지주가 된 기독교는 그 탄생지가 열대 사막이다. 떠돌이 생활이 불가피한 유목민이기에 그들에게 있어 양은 재산이며, 생명 그 자체로 일용할 양식이기에 성경聖經에는 양과 이를 치는 목자牧者에 대한 이야기가 많이 등장한다. 아울러 이를 주제로 한 성화聖畵 등 조형예술도 그 역사가 오래고 길다. 북방민족으로 중국에 위협적 존재인 금이나 사막에 둥지를 튼 몽골에서도 마찬가지라 하겠다.

주 하느님, 성부의 아드님, 하느님의 어린 양
세상의 죄를 없애시는 주님, 저희에게 자비를 베푸소서.
세상의 죄를 없애시는 주님, 저희의 기도를 들어주소서.
대영광송, 가톨릭 미사통상문 중

양에 대한 몇 가지 단상斷想 - 양치기 소년과 성화聖畵 한 점

양 하면 먼저 떠오르는 단어는 다름 아닌 '희생양犧牲羊'이다. '희생이 되어 제물로 바쳐지는 양'이란 의미로 오늘날까지 빈번히 사용된다. 기독교 문화권에선 약한 존재라는 의미로 흔히 인간을 양에 비유하기도 했다. 이에 하느님을 믿고 의지하는 신자信者를 대변하는 뜻으로도 사용되었다. 인간이 온갖 허물과 잘못을 속죄贖罪하는 희생양으로 예수 자신을 칭하기도 한다. '하느님의 어린 양 세상의 죄를 없애시는 주여'라는 주기도문主祈禱文은 이에서 연유된 것이다. 인간의 어두운 면 가운데 하나이 겠으나 어느 시대, 사회를 막론하고 개인이나 집단의 지나친 욕심과 이익 추구로 희생을 강요받거나 강자에게 이용되는 사람 내지 계층, 그리고 국제관계에선 일정한 국가가 있다.

구약성서(창세기 22장)에 나타난 아브라함은 믿음과 순종의 대명사이다. 하느님은 그의 믿음을 시험하려 어렵사리 얻은 어린 외아들 이삭을 제물로 바치라 했다. 아브라함이 아들을 산으로 끌고 올라가 목을 치려 하자 "그 아이에게 손대지 마라. 너의 외아들까지 나를 위하여 아끼지 않았으니, 네가 하느님을 경외하는 줄을 이제 내가 알았다."는 하느님의 음성이 들렸다. 결국 덤불에 뿔이 걸린 숫양을 아들 대신 번제물燔祭物로 바쳤다. 속죄양은 종교화에서 주된 주제로 빈번히 그려졌다. 루브르 박물관에 있는 안니발레 카라치(1560~1609)의 「이삭을 제물로 바치는 아브라함」은 이 극적인 장면을 너른 풍경을 배경으로 해 동판에 유채로 담은 것이다.

순하디순한 동물이 제단 위에 네 다리가 묶인 상태로 날 잡아 잡수, 하는 듯한 애처로운 모습은 연민을 자아낸다. 어둠을 배경으로 흰 양털이 슬프고 파리하게 여겨지는 매우 사실적인 그림이다. 놀람과 공포의 단계를 지나 눈을 지그시 감고 모든 것을 체념한 듯한, 주르바란의 「하느님의 어린 양」은 기독교 신자가 아니라 할지라도 보는 이들에게 뭉클한 감동을 준다. 그러나 이는 유대 풍습으로 속죄일에 많은 사람의 죄를 씌워 황야로 내쫓던 양羊에서 유래한다. 인류가 지은 죄를 대신해 예수 그리스도가 희생양으로서 십자가 위에 처형됨으로써 우리의 구원救援이 이루어져 하느님과 바른 관계로 회복됨을 알리는 기독교 신앙의 핵심 가르침이다. "너희의 죄가 진홍빛 같아도 눈같이 희어지고 다홍같이 붉어도 양털같이 되리라."(구약 이사야서 1:18)라는 구절은 감동적으로 다가온다.

유행가 가사에도 나오는 '순한 양' 이미지 외에도 온순하지만 '고집 세고 어리석은 존재'의 대명사가 되기도 한다. 우리나라에서 양이 가축화된 것은 토양土壤 탓인지 불과 백 년도 안 된, 20세기 후반 이후이다. '양의 탈을 쓴 늑대'나 '겉은 범, 속은 양' 정도로 관련된 속담이 없지 않으나, 양 대신 이와 비슷한 동물인 염소에 관한 것을 포함해도 다른 동물에비해선 관련된 전설 및 야담이 적다. 일부 '착하고 어짊'이란 상징 외에 양과 비슷한 염소의 외모를 통해 고집 센 노인에 비유된다. '염소 뿔 세다고 하니까 황소에게 덤빈다'는 속담이

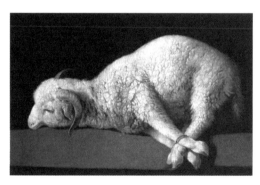

「하느님의 어린 양」, 주르바란(1635~1640년경), 유화 38×62cm, 프라도 미술관

전하듯 어리석고 경망스럽게 보는 부정적인 면도 없지 않다.

양에 대한 이른 기억은 매일 아침 대문 앞에 투명한 유리병에 담긴 양 젖과 초등학교 저학년 교과서에도 실렸던 동화 「양치기 소년과 늑대」, 그리고 유리나 거울을 파는 상점이나 이발소에 걸려 있던 성화聖畵를 비롯해 예쁜 어린이와 함께 양이 등장한 그림이 있다. 우유가 일반적이었으나 당시 양젖이 좋다는 인식에서인지 일정 기간 우유 대신 양젖을 먹은 기억이 있다. 이미 초등학교 들어가기 전부터 어른들께 들은 이야기 중, 거짓말 때문에 골탕 먹는 소년의 당황한 얼굴 삽화나 사납고 흉하게 그려진 늑대와 함께 등장한 양이 기억에 남는다. 이밖에도 이솝의 우화 중에는 늑대와 함께 양이 자주 등장했다.

오늘날에도 교회 외관 장식에서 양치기의 모습을 한 예수의 그림을 볼 수 있다. 성화를 살펴보면 예수만이 아닌 세례자 요한 또한 양치기로 등장한 예가 있다. 고대부터 중세를 거치며 서구 예술은 동양의 불교처럼 기독교미술이 주류를 이룬다. 기독교 하면 십자가와 이에 매달린 예수 모습을 떠올리게 된다. 가장 슬프고 참혹한 장면으로 바티칸 성당에 있는 미켈란젤로의 「피에타」를 빠뜨릴 수 없겠다. 그러나 마리아 품에 안긴 어린 예수의 모습은 마냥 평화롭고 모성애를 느끼게 하는 따뜻한 그림이다. 아울러 양 치는 목자로 등장하기도 한다.

스페인 프라도 미술관에 소장된 「착한 목자」는 무리요가 1655~1660년경 그린 것이다. 예수가 3년간 공생활을 시작하기 전 30년 동안 목수인 요셉의 아들로 살던 시기의 한 장면이다. 99마리의 양을 뒤로하고 한마리 어린 양을 찾아 나선 착한 목자의 비유는 예수를 의미하는 것이다. 이는 성화로 많이 그려진 주제이기도 하다. 대체로 성년의 목자 모습이

「착한 목자」, 무리요(1655~1660경),
유화 123×101cm, 프라도 미술관

「방주로 들어가는 동물들」, 폰테(1510~1502),
유화 207×265cm, 프라도 미술관

일반적이나 간혹 이같이 우량아 모습의 어린이로 그리기도 한다. 마치 잃었던 1마리 양을 찾아 기념사진이라도 찍는 듯한 자세로 등장한다. 배경에는 양 무리가 보인다. 이러한 그림은 종교적 축제일 길거리에 임시 마련된 제단을 장식하는 그림의 일종이기도 하다.

아울러 16세기 초 폰테가 그린 「방주로 들어가는 동물들」은 노아의 방주方舟 사건을 담은 것으로 조류 및 길짐승 등 모든 동물들이 짝을 이뤄 방주로 들어가거나 순서를 기다리는 정경이다. 화면 좌측에 검은 염소와 흰 양이 짝을 이뤄 기다리는 모습이 보인다. 순한 눈매며 취한 듯 유순한 동작은 마치 불화의 「열반도」와도 통하는 분위기이다.

국립중앙박물관에서 한-불 수교 120주년 기념 '루브르 박물관전展' (2006. 10. 24~2007. 3. 18)이 개최되었다. 이 전시에서 16세기 티치아노 (1490~1576)부터 19세기 외젠 프로망탱(1820~1876)에 이르는 유럽 탄생 시기의 풍경화부터 초상화 등 400년에 걸친 서양의 대표적인 명화 70점이 공개되었다. 이 전시와 도록의 논고에 소개된 도판을 통해 양이 주인공은 아니나 양이 등장하는 풍경화의 대세를 엿볼 수 있었다. 불타는 덤불숲 모습으로 모세에게 나타난 하느님을 프란시스코 콜란테스가 1634년에 그린 「덤불숲」, 폴 브릴(1554~1626)의 「세례자 요한이 있는 풍경」은 풍경화의 창사자인 16세기 초반 플랑드르 화가 요하킴 파티니르가 그러하듯 넓은 풍경을 배경으로 작은 종교적 주제를 담았다. 우주 속 인간의 자리를 반영한 양 어두운 배경에 요한과 한 마리 흰 양을 작게 등장시켰으나 그 주제가 선명하다.

종교적 주제라고 보긴 힘드나 목동도 자주 풍경화의 주제가 되었다. 해질 무렵 암소와 염소들을 몰고 가는 여자 목동을 그린 클로드 로랭(1602~1682)의 「석양이 지는 풍경」, 조선 후기 윤두서尹斗緖(1668~1715)와 김두량金斗樑(1696~1763)의 「목동」과 비교되는 주제로 자연 현상 속에 인간의 감정을 담아 자연과 인간의 소통을 꾀한 가스파르 뒤게

「세 목동이 있는 풍경」, 가스파르 뒤게(1615~1675), 유화 72×95cm, 루브르 박물관

「양치기 소녀」, 장 프랑수아 밀레(1814~1875), 유화 81×101cm, 오르세 미술관

(1615~1675)의 「세 목동이 있는 풍경」, 인위적으로 표현된 빛과 시적이며 몽환적인 분위기가 특징인 장 피유망(1728~1808)의 「양 떼가 있는 풍경」 등의 작품이 있다. 이후 19세기 산업화 시기 전원생활에 대한 향수를 담아 자연의 풍광을 그대로 묘사한 자연 고유의 미학이 팽배하게 된다. 장 프랑수아 밀레(1814~1875)의 「양치기 소녀」는 전면을 세로로 길게 점한 소녀와 그 뒤 화면 중앙을 차지한 양 떼들, 그리고 이를 지키는 1마리 개도 등장한다.

바위그림岩刻畫 – 알타이아 문명

바위그림은 우리나라에서 1971년 12월 24일 동국대학교 학술조사단에 의해 반구대 암각화가 발견된 이래 점차 전국 도처에서 확인되었다. 여러 분야에서 연구가 활발히 진행되어 인류학과 민속학적인 면에서 해석이 이루어졌다. 이를 통해 한민족韓民族 뿌리의 탐색이란 관점에서 북방민족과의 관계가 보다 설득력 있게 부각되었다. 한국회화사의 첫 페이지를 장식한 점에서도 주목된다. 새긴 기법과 내용에서 국제적 보편성과 더불어 차이점도 드러나는데 한 가지 흥미로운 것은 한반도 내 암각화에는 동물 소재에서 양이 좀처럼 보이지 않는다는 점이다.

몽골을 비롯해 중국 영토의 북쪽 변경에 속한 지역에선 많은 암각화가 현존한다. 그림의 내용은 실로 다양한데 동심원同心圓이나 기하학적幾何學的이며 추상적인 문양들과 매우 사실적이며 구체적인 내용을 알 수 있는 것으로 나뉜다. 사실적인 작품에는 인물 외에도 각종 동물, 그리고 수

「금제 염소 조각상」, 초기 철기시대(볼쉐레첸 문
화, 기원전 300~100년), 높이 5.5cm, 평지 알
타이 노보트로이츠크Ⅱ고분

「뼈에 새긴 산양」, 몽골, 모린 톨고이 , 길이 8.5cm

렵 장면 등 양을 비롯한 다양한 동물들이 등장한다.

한편 몽골의 한 무덤에선 바위에 새긴 것과 닮은 「뼈에 새긴 산양」 편
이 출토되었다.

고분벽화 – 한漢, 그리고 유목민족遊牧民族

암각화에서와 마찬가지로 고구려 고분벽화에서도 양을 찾아보기 어
렵다. 하지만 광활한 영토를 소유한 중국의 경우에는 주로 변경이나 영
토 밖 지역에서 2세기경 한 대 고분벽화부터 양이 등장한다. 먼저 1924
년 이후 도굴된 삼각전에 상부 인물이 그려진 후 미국 보스톤 미술관으
로 유출된 낙양洛陽 팔리대八里臺 서한묘西漢墓 내 상부 중앙 산장벽화山墻
壁畵에는 정면으로 양의 얼굴이 크게 등장한다. 함양咸陽 공가만龔家灣 신
망묘석문新莽墓石門 도리(楣) 상단에도 같은 형태의 양이 그려져 있다.

「사양방존四羊方尊」, 商 安陽期, 기원전 11~14세기, 높이 58.3cm, 베이징 중국역사박물관

1952년 발굴된 하북성河北省 망도현에 위치한 망도望都 1호분은 후한後漢(2세기) 관리의 무덤이다. 벽화가 있는 전축분磚築墳으로 3실室로 이루어져 있다. 이 고분은 주인공을 비롯해 묵서로 여러 관직명官職名이 적힌 모습, 흰 토끼와 난조鸞鳥 등 길상을 뜻하는 그림들로 주목된다. 전실 동벽 남측 하부에 내부가 붉고 겉은 검은 일종의 칠기漆器로 보이는 용기, '양주羊酒'란 묵서와 함께 갈색 뿔을 지닌 양이 매우 사실적으로 그려진 「양과 술 그림」이 있다.

내몽골 자치구 화림격이和林格爾 사막에 위치한 후한묘後漢墓(145~220)는 1972년 발굴이 이루어졌는데, 이는 그곳에 파견된 한나라 고급 관리의 무덤임이 확인되었다. 무성武城과 거용관居庸關의 모습, 쌍관雙闕과 계수나무, 현령의 관청官廳, 기치창검旗幟槍劍을 갖춘 귀인의 행렬인 출행出行, 큰 북을 치며 춤추고 즐기는 각종 유희 장면이 그려진 악무백희樂舞百戲, 농경, 장원莊園, 곡식 창고를 비롯해 말과 소, 양을 키우는 「목양牧羊」 장면이 등장해 당시 생활모습을 잘 알려준다. 양 그림에서는 빠른 필치

「목축」(모사화), 감숙성甘肅省 가욕관嘉峪關1호,위진魏晋(4세기 전반) 전실 서벽, 벽돌 17×36cm

로 특징을 잘 잡은 선묘 위주로 숙련된 묘사력을 살필 수 있다. 모두 얼굴을 같은 방향으로 향하고 있으며 어미젖을 빠는 새끼나 이들을 보살피는 2마리 개와 인물도 보인다.

이들보다 다양한 내용을 담고 있는 것이 감숙성甘肅省 가욕관시嘉峪關市 신성新城에 위치한 위진魏晉(220~316) 묘들이다. 1972년에서 1973년까지 1년여에 걸쳐 발굴한 8기基 무덤 중 6기가 그림이 그려진 벽돌로 축조된 전축분들로 같은 크기(17×36cm) 벽돌에 다양한 생활 장면을 담고 있다. 촌락의 모습, 경작과 파종播種, 매사냥과 엽견獵犬을 이용한 수렵, 우경牛耕, 목동, 수레, 주악 장면, 여러 종류로 무리를 지은 닭과 말 떼, 술 담그는 장면, 돼지 사육과 닭과 양 및 돼지를 도살하는 모습, 뽕잎 따기採桑, 부엌 둔전개간屯田開墾, 출행 등 삶의 이모저모가 사실적으로 묘사되고 있다. 특히 1호분 전실 서벽에는 소와 함께 목동이 등장하며 양들이 중심이 된 「목축牧畜」이 보인다.

1960년 하북성에서 발굴된 금金(1115~1234) 벽화무덤인 시장柿莊 6호묘에는 동벽의 8명의 인물이 등장한 생활상이 보이는 데 비해 남벽의 동서 양쪽의 소, 말, 노새騾가 등장한「방목放木」과, 11마리 양이 등장한「목양牧羊」이 보인다. 각기 갈대, 나무로 지면 표현이 되어 있고 채찍과 긴 장대를 휴대한 목동이 등장하는데 이 두 폭은 무덤 입구를 중심으로 서로 대칭되어 동물들과 인물이 마주한 모습을 취하고 있다. 윤곽선이 선명한 선묘 위주에 채색 또한 자연스레 입혀져 있으며 소재 간 적합한 크기 비례, 사실적인 묘사, 공간 배치와 구성의 완성도를 갖추었다. 후자엔 양을 지키는 검은 개까지 등장한다.

불화佛畵와 양 – 열반도 외

불교의 조형예술이나 경전에서 양은 사자나 잔나비 그리고 코끼리만큼 자주 등장하는 동물은 아니다. 진리의 설파로 파사현정破邪顯正을 한 사자후獅子吼나, 자타카가 전하는 본생담本生談의 책임과 자비, 희생 등이 착한 어미 잔나비에 필적하는 일화는 찾아보기 어렵다. 초기 경전인 수타니파타에서 보이는 물소와 사자는 비록 이들 동물이 존재하지 않는 지역이라도 종교전파와 문화교류로 인해 인식이 가능했다.

동식물도 중요성의 무게는 인간과 다르지 않다. 삼라만상森羅萬象 모두가 불성佛性을 지니고 있다고 보는 불교의 너른 절대평등絶大平等 개념은 조형예술 속 양의 존재에 대해서도 기대하게 한다. 마치 노아의 방주 앞에서 기다리는 각종 동물처럼 부처의 열반涅槃을 슬퍼해 찾아온 조문행렬弔文行列에 양이 빠질 수 없다. 이 주제의 불화는 중국 송과 고려 그리

「불열반도佛涅槃圖」(부분), 고려(13세기), 285.0×237.5cm, 일본 사이쿄지最敎寺

고 일본 등 불교국가에서 공통적으로 발견된다.

현재 일본에 있는 「불열반도佛涅槃圖」로는 나라 국립박물관에 소장된 중국 송 육신충陸信忠(13세기)이 그린 것과, 화가는 밝혀져 있지 않으나 오사카 에이후쿠지叡福寺 소장품으로 동물의 등장 없이 인물 군상으로 이루어진 것, 일본 중요문화재로 지정된 교토 초후쿠지長福寺처럼 동물 군상이 비중 있게 그려진 것으로 나뉜다. 현전하는 무로마치 시대 일본 화가들이 그린 열반도도 대체로 비슷한 양상이다.

고려 그림의 경우 현재 일본 내 조토쿠지常德寺나 사이쿄지最敎寺 소장 품처럼 화면의 하단 1/3을 이들 동물이 점한다. 특히 초후쿠지 것은 사이

「파드마삼바바蓮花生」, 티베트(19세기), 무명에
채색 63.0×45.0cm, 개인

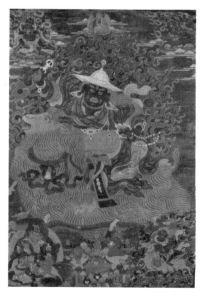

「양을 탄 호법존護法尊」, 티베트(19세기), 무명에
채색 52.0×36.0cm, 화정박물관

쿄지 도상에서 마치 좌우 인물 군상이 잘려나간 것처럼 빠진 상태이긴 하나 상호 유사하여 양국의 교류를 짐작하게 한다.

이 외에 시왕十王이나 나한羅漢 도상에 양이 등장한 드문 예도 있다. 현재는 나누어졌으나 일본 무로마치室町(16세기) 때 3폭에 걸쳐 그려진 「석가3존 16나한도釋迦三尊十六羅漢圖」가 있다. 2폭에 나눠 그린 「16나한도」 가운데 한 폭에는 공중 왼쪽 상단에 머리를 아래로 한 긴 용이, 다른 폭에는 우측에 치우쳐 각기 검고 누런색 양 한 쌍이 등장한다(奈良 發志院 소장).

티베트에서는 17세기경부터 그려진 「파드마삼바바蓮花生」 속 동물 중에서 각종 조류나 야생 동물, 그리고 가축으로 소와 말, 염소와 양도 찾아볼 수 있다. 또한 비사천문과 대흑천 등의 천부天部에 해당하는 신인 호법존護法尊 그림 중에는 말을 탄 것 외에도 「양을 탄 호법존」이 알려져 있다.

이원복

참고문헌

▪ 김열규, 『韓國의 神話』(일조각, 1976)

▪ 羅景洙, 『韓國의 神話研究』(교문사, 1993)

▪ 김선풍 외, 『열두띠 이야기』(집문당, 1995)

▪ 김종대, 『우리문화의 상징세계』(다른세상, 2001)

▪ 干寶 著, 全秉九 譯, 『搜神記』(자유문고, 1997)

▪ 탕지, 「漢魏南北朝的墓室壁畵」, 『中國美術全集 繪畵編 12 墓室壁畵』(文物出版社, 1989), p.1∼20

▪ 왕인파, 「隋唐時期的墓室壁畵」, 上同書, p.21∼34.

▪ 이홍, 「宋元金遼期的墓室壁畵」, 上同書, p.35∼50

▪ 蓋山林, 「中國北部岩畵槪述」, 『中國岩畵 全集』1(遼寧美術出版社, 2006), p.12∼44

▪ 『알타이 문명전』(국립중앙박물관, 1995)

▪ 『ART OF THANGKA』1∼4 (화정박물관, 1997∼).

▪ 『티베트의 미술』(화정박물관, 1999)

▪ 『하늘에 맞닿은 불교왕국 티벳』(통도사성보박물관, 2001)

▪ 『루브르 박물관展』(국립중앙박물관, 2006)

▪ 『몽골, 초원에 핀 고대문화』(서울대학교박물관, 2008)

- 『몽골 흉노무덤 자료집성』(국립중앙박물관, 2008)

- 『한국과 알타이 지역의 바위그림』(서울시립대학교박물관, 2010)

- 『プラド 美術館展 Obras Maestras del Museo del Prado』(日本, 國立西洋美術館, 2002)

- 『中華人民共和國漢唐壁畫展』(每日新聞社, 東京·大塚巧藝社, 1975)

- 『中國岩畫全集』1~5(遼寧美術出版社, 2006)

- 『中國美術全集 繪畫編 12 墓室壁畫』(文物出版社, 1989)

- 『商代金文圖錄』(台北 國立故宮博物院, 1995)

- 『TREASURES OF TUTANKHAMUN』(BALLTINE·NEWYORK, 1978)

- 『The Prado』(Scala Publications Ltd. 1994)

- 『TREASURES OF THE XIONGNU Culture of Xiongnu, the first Nomadic Empire in Mongolia』(NATIONAL MUSEUM OF MONGOLIA, 2011)

한국의 양 그림
– 흔치 않은 그림 소재

    우리나라 조형예술 전반에서 양을 헤아릴 때 먼저 떠오르는 것이 있다. 그것은 그림이 아닌 공예품으로, 손에 쥐기 알맞은 크기의 청자靑磁로 된 양이다. 1970년대 초 강원도 원성 법천리 삼국시대 고분에서 출토된 12.5cm 크기의 이 작품은 국립청주박물관에서 개최한 '한국 출토 중국자기 특별전'(1989. 9. 12~10. 11)을 통해 일반에게 공개되었다. 4세기 동진東晉 때 중국에서 제작된 것으로, 같은 형태의 청자가 중국에서도 발굴된 예가 알려져 있다.

    우리 강토에서 아직 자기磁器를 빚지 못했던, 즉 도토기陶土器 단계일 때 중국에서 수입된 것으로 이를 매우 귀하게 여겨 무덤에 함께 묻은 것들이다. 중국 청자를 먼저 언급하게 된 것은 사실상 한국 조형미술에서 양은 매우 드문 소재인 점과 무관하지 않다. 우리나라 회화사의 첫 페이지를 장식한 반구대 암각화나 고구려 고분벽화, 나아가 신라 토우土偶 중에서도 양은 찾아보기 어렵다.

양은 고려시대에는 국가 제사 때 올리는 제수祭需의 하나로, 이를 위해 금金에서 수입한 사실과 가축으로 사육을 시도했으나 실패한 기록 등이 보인다. 이는 국내에서 양을 기르지 않아 매우 귀한 존재였음을 의미한다. 몽골의 암각화나 중국의 조각 및 그림들이 말해주듯 우리도 보다 이른 시기에 그림으로 그렸을 가능성도 없지 않다. 그림과는 별개로 열두 가지 띠, 십이지支의 하나로서 무덤의 호석護石으로 사용된 통일 신라의 돌조각은 여럿 전해온다. 아울러 화려하고 섬세한 고려불화高麗佛畵 중, 부처가 타계하자 조문弔文 온 슬퍼하는 중생의 모습을 담은 「열반도涅槃圖」에서도 중국이나 일본과 마찬가지로 각종 동물 속에 희거나 검은 점이 있는 양이 빠지지 않는다.

조선 왕조 500년 그림의 역사에서도 양은 즐겨 그린 동물은 아닌 듯하다. 드물기는 하지만 조선 왕조 전반前半의 양 그림을 알 수 있는 기록이 있다. 양 그림은 소와 말 및 십장생에 드는 사슴이나 심지어 개와 잔나비에 비해서도 상대적으로 적다. 그림 소재로도 다른 동물에 비해 크게 관심을 끌지 못했다는 증거이다. 조선 중기 무렵인 비교적 이른 시기 작품으로 그린 화가는 알 수 없으나 국립진주박물관에 기증된 그림이 있다. 먼저 국내가 아닌 일본에서 특별전시를 통해 공개되었다. 귀인 복색의 동자가 양 무리 속 큰 양에 올라탄 「양을 탄 동자」는 짙은 채색으로 서상적瑞祥的인 장식화 성격을 띤다.

서거정徐居正(1420~1488)의 문집인 『사가집四佳集』 내에는 유 판서가 소장한 고화 24점에 붙인 제시가 실려 있다. 이 가운데 22번째 시가 다름 아닌 양 그림에 관한 것이다. 화가의 국적이 중국인지, 아니면 고려 또는 조선인지는 불분명하나 늦어도 서거정이 생존했던 시기인 15세기나 그 이전에 그려진 양 그림이 조선에 존재한 사실만은 분명하다 하겠다. 우리나라 문헌이나 조형미술에서 양에 관한 기록은 찾기가 어렵다.

이 외에도 조선시대 삼학사三學士와 달리 대외관계에 있어 청淸과 주화론主和論을 주장한 최명길崔鳴吉(1586~1647)의 손자인 최석정崔錫鼎(1646~1715)

「양을 탄 동자」, 작자미상,
비단에 채색 15.7x22.0cm, 국립진주박물관

은 문집 『명곡집明谷集』을 남겼다. 이 가운데도 그가 「목양도牧羊圖」에 붙인 제시가 있다. 그는 여덟 번이나 영상領相에 오른 문관으로 조부에 이어 양명학陽明學에도 조예가 깊은 것으로 알려져 있다. 1697년 청에 주청사奏請使로 다녀왔으니 국내에선 보기 힘든 생경한 소재인 점에서 시로 읊게 된 것으로도 사료되어 중국과 관련 있는 그림일 가능성도 크다.

공민왕恭愍王 – 현존하는 최고의 감상용 양 그림

　오늘날까지 전해진 우리 옛 그림을 살필 때 양은 그리 빈번하게 그려지진 않았다. 우리 민족이 만주에서 시작해 한반도로 옮겨 온 것은 고고학의 연구 성과와 민족학 및 인류학적 측면이 증명한다. 그러나 양 사육에 적합한 초지가 없어서인지 양 사육에 실패한 기록이 보인다. 비록 우리 강토에 없으나 코끼리와 사자 그리고 원숭이 같은 것들은 불교의 수용과 더불어 인식이 형성되었다. 양 그림이 드문 이유는 가축으로 기르지 않았기에 그 형태를 잘 알 수 없는 데서 기인한다. 이에 중국에서 유입된 화본畵本에 의해 그려졌을 가능성이 크니, 마치 이를 증명하는 듯 몇 안 되는 조선시대의 드문 양 그림에선 화본풍이 짙다. 오늘날 보이는 우리나라 양 그림은 고려 말까지는 소급된다.

　본격적인 양 그림 가운데 그 선두를 점하는 것은 고려 말 그림이다. 공민왕恭愍王(1330~1374)이 그린 것으로 전하는 간송미술관 소장작 「두 양二羊」 소품이 동처에서 개최한 특별전을 통해 일반에 공개되었다. 중국과의 교류 측면에서 황제국으로 출발한 고려의 국제적 위상은 중국을 능가한다. 원元 황실의 사위인 부마도위駙馬都尉로 어린 시절을 연경燕京에서 보내야 했던 공민왕은 원 수도인 연경燕京에 머무를 때 원나라 화가들의 양 그림을 접했을 것으로 추측된다. 특히 송宋 멸망 이후 유민遺民으로 원 조정에 출사한 조맹부趙孟頫(1254~1322)가 그린 동물 그림 가운데 현존하는 것으로는 여러 점의 말 그림뿐 아니라 양 그림도 있는데 이 점과 무관하지 않을 것이다.

　화면 바탕인 비단은 균열이 많으며 떨어져 나간 부분과 오염으로 얼룩

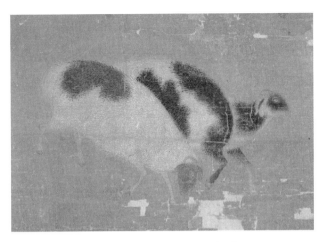

「두 양」, 전 공민왕, 비단에 채색 15.7x22.0cm, 간송미술관

진 부분도 보인다. 한 양은 고개를 지면으로 향해 숙였고 다른 양은 지면과 수평으로 앞을 향해 있다. 얼굴은 둘 다 측면으로 향한다. 세필細筆로 윤곽과 터럭 하나하나를 빠뜨리지 않고 그렸다. 한 마리는 흰 바탕에 갈색 털이 무늬처럼 있고, 다른 한 마리는 턱을 제외한 얼굴에 검은 털이 섞인 모습이다. 아마도 지금 상태가 처음 그려진 모습은 아닌 것 같다. 흥미로운 사실 가운데 하나로 이 그림 속 양의 자세가 마치 일정 유형인 양 중국의 여러 그림에서도 찾아볼 수 있는 점이 흥미롭다. 동일한 화가의 솜씨로 보이는 양 그림 소품 2점이 국립중앙박물관에 소장되어 있다.

다름 아닌 일괄 5점으로 크기가 각기 다른데, 잔결殘缺 조각으로 편화들이다. 각기 양 1마리와 2마리를 등장시킨 「물가의 양」과 「한 마리 양」 2점과 「네 염소山羊」와 「두 염소」 그리고 양 없이 나무로 된 다리가 보이는 「물가 풍경」 잔결이다. 작자미상이나 양과 사슴 두 동물로 구성된 한 화첩에서 나뉜 것으로 사료된다. 한편 간송미술관 것을 포함해 이들 6

「물가의 양」, 전 공민왕, 비단에 채색
10.0×29.3cm, 국립중앙박물관

점은 양과 염소가 어우러진 하나의
큰 화폭에서 떨어져 나온 부분으로
도 보인다. 길고 곧은 직모直毛로 그
린 염소와 달리 구불구불한 짧은 철
사 줄처럼 털을 묘사한 양은 간송미
술관 것과 매우 유사하다는 점, 3점
에 보이는 둔덕 등 산수표현 기법상
의 공통점, 화면에 보이는 갈색의 오
염마저 닮은 것이 이같은 생각을 뒷

「네 염소」, 작자미상,
비단에 채색 33.4x23.5cm, 국립중앙박물관

받침한다. 두 폭의 염소 그림은 국립중앙박물관의 특별전시 및 상설전시
때 조선시대(15~16세기) 작자미상으로 공개되었으나 고려 말 14세기까
지 소급되며 양 그림은 '공민왕 전칭작'으로 비정이 가능하리란 생각이
든다.

　고려시대 그림은 후반의 불화佛畵와 몇 초상화肖像畵를 제외하곤 전해
지는 그림이 몹시 드물다. 희귀한 그림 가운데 시대는 고려 말기로 떨어

지나 공민왕이 그린 것으로 전해지는 작은 크기의 그림들이 있다. 몽골 복식服飾의 호렵도胡獵圖 계열의 수렵도로 「천산대렵도天山大獵圖」라 불리는 작은 그림들과 바로 이들 양 그림이다. 이들 그림에는 작자를 밝혀줄 도장 등이 없어 전칭작傳稱作을 면하긴 힘들다. 그러나 이 일련의 그림은 사뭇 예스러우면서도 기량이나 격조가 높다.

초평이 돌을 보고 소리 질러 양을 만드니 조화수를 다함이다.

김홍도가 필묵으로 초평의 조화술을 흘리게 하니 자못 초평보다 한 수 위라 할 만하다.

표함이 평하다.

(初平叱石爲羊 儘造化手矣 士能以筆墨 幻初平造化手 殆乎過初平一着 豹菴評)

— 김홍도의 「8폭 신선」 병풍 중 「황초평」에 붙인 평

조선 후기 즐겨 그린 신선 황초평黃初平 — 인물과 함께 등장한 양

중국 진晉 때 한 신선神仙이 15세 양치기 소년 황초평의 착함을 한눈에 알아보고 금화산金華山 석실로 데려가서 신선도를 가르쳤다. 그는 수십 년 세월이 흘러 신선이 된 뒤에도 여전히 15세 소년의 모습을 유지했으며, 수만 개 흰 돌을 가지고 수만 마리 양을 만드는 도술道術을 터득했다.

그를 주인공으로 그린 그림은 조선 후기 신선도의 유행과 더불어 찾아볼 수 있다. 신선도로 명성을 얻은 '조선의 화선' 김홍도金弘道(1745~1806 이후)에게 도석 인물의 대표작은 1776년, 32세 때 그린 국보 139호 「군선

「금화산에서 양을 치다」, 김홍도,
1796년경, 23.2×30.5cm, 간송미술관

「황초평」, 김홍도(1745~1806
이후), 1779년, 비단에 채색
130.7×57.6cm, 국립중앙박물관

도群仙圖」이다. 이 「군선도」에는 등장하지 않
으나 1779년 그린 8폭 신선 병풍 속에 독립
된 도상으로 양을 거느린 신선인 「황초평」이
있다. 이 병풍에는 매 폭 김홍도의 스승인 18
세기 예원의 총수 강세황姜世晃(1713~1791)의 화평이 있어 그림의 성가
를 더한다. 김홍도가 그린 「금화산에서 양을 치다金華鞭羊」는 간송미술관
소장 화첩에 속한 작은 그림이다. 이 화첩에는 종남산에 들어가 수도해
신선이 된 검선劍仙 여동빈呂洞賓(798~?)도 포함되어 있다.

  김홍도와 동갑으로 절친切親인 이인문李寅文(1745~1824 이후)의 「양을
치며 단소를 불다牧羊吹簫」는 화면 내 "그대가 어찌 황초평의 후신이 아
니겠는가."라 쓴 홍의영洪儀泳(1750~1815)의 관서로 주인공을 밝히고 있
다. 웃통을 벗은 더벅머리 소년이 바위에 올라 피리를 부는데 양들은 한가
롭게 마치 피리 소리에 귀를 기울이는 듯한 태도를 취한다.

「양을 치며 단소를 불다」, 이인문(1745~1824 이후),
종이에 담채 30.8x41.0cm, 간송미술관

「대복과 길상을 상징하는 두 신선」, 김득신
(1754~1822), 22.5x24.0cm, 간송미술관

　풍속화 및 도석 인물에 있어 김홍도에게 강한 영향을 받은 후배 화원
김득신金得臣(1754~1822)은 양 2마리, 재물과 건강 및 자녀의 복을 주는
진晉의 젊은 황초평, 당唐 현종 때 도사로 흰 박쥐가 따르며 나귀를 탄 장
수長壽의 상징인 노인 장과노張果老를 함께 그린 소품「대복과 길상을 상
징하는 두 신선福祥兩仙」을 남겼다. 그림 속에서 황초평은 모두 젊은이의
모습으로 손에 채찍을 들고 있다. 신선 가운데 나이 든 노인과는 선뜻 구
별된다. 황초평이 주인공인 그림에는 양이 두세 마리에서 무리로까지 등
장한다.

영모의 한 소재 – 본격적인 동물 그림

　일본에서 개최된 특별전을 통해 알려진 조선 중기의 그림 중에 양을
소재로 한 것이 있다. 양이 떼 지어 등장하는데, 배경에 소나무와 매화,

「세 양」, 김익주,
1850년,
비단에 채색 30.9x27.0cm,
국립진주박물관

괴석이 장식으로 등장해 양이 노닐기에는 걸맞지 않은 화면 구성이다.
그러나 이들 요소는 이 그림이 그려진 시기를 조선 중기로 간주하게 하
는 요소이다. 배경과는 달리 양을 그릴 때 묘사력도 뛰어난 것을 엿볼 수
있고, 무엇보다 소품의 편화가 아닌 큰 그림이라는 점에 주목하게 된다.
말만큼이나 크고 염소처럼 수염이 긴 산양 등 위에 귀여운 동자童子가 앉
아 있고, 말에 부착된 각종 마구馬具까지 세밀하게 그렸다. 화가 이름을
알 수 없으나 우리 그림으로 보인다. 이 시기 양 그림이 알려져 있지 않
은 데다 독특한 내용이기에 자료적인 의미도 크다.
　또한『고씨화보顧氏畵譜』에 실린 상희의 그림을 본으로 해서 그린 것으
로 김익주金翊冑(19세기)의 그림도 일본 특별전에 출품되었다. 재일동포

김용두金龍斗(1922~2003)가 소장했던 문화재로 국립진주박물관에 기증된 서화와 공예품 중에 포함되어 있다. 산수 1점이 포함된 11폭 화첩에 속한 그림이다. 같은 크기의 비단에 채색을 사용해 곱게 그린 그림이나, 이렇다 할 개성은 보이지 않는다. 새끼까지 포함되어 양 가족처럼 보이는 이 「세 양」은 화본과 비교할 때 배경에 변화를 주고 등장인물을 제외시켰으나

「10폭 영모」(부분), 조석진(1892~1923), 1919년, 비단에 채색 각 90.0x29.3cm, 경기도박물관

양의 자세는 고스란히 옮겼음을 알 수 있다. 그림 중 「매화나무에서 조는 새梅上宿鳥」에는 유일하게 간기와 관서가 있어 1850년으로 제작연대를 알 수 있다.

오늘날 전하는 작품들이 말해주듯 조선 후기부터 말기까지 조류와 네발 동물을 함께 그린 일괄 병풍이 적지 않다. 빠르게는 김홍도부터 시작해 이재관, 19세기 화단에서는 장승업이 이 주제에 있어 단연 두드러진다. 그러나 한 가지 흥미로운 사실은 이들 병풍 속 동물 중에서 양을 찾기 어렵다는 점이다. 그러나 그의 제자 조석진趙錫晉(1892~1923)의 「10폭 영모」 병풍 속에선 이전에는 찾기 힘든 양이 등장한다. 화풍에서 스승의 영향이 큼에도 불구하고 장승업의 현존 유작이나 그 이전에는 찾아보

기 힘든 양이 비로소 등장한다. 이는 스승과 차별되는 점의 하나로, 다름 아닌 시대의 변화를 보여주는 것이다.

양 그림은 다른 동물에 비하면 수적으로 적을뿐더러 고려 말과 조선 초 그리고 조선 후기의 일정 시기에만 국한되어 있어, 흐름이나 일관된 양상은 알기 어려운 실정이다. 새로운 자료의 발굴에 힘입은 새로운 조명이 기대되나 썩 긍정적이진 못하다.

이원복

중국의 양 그림

그림의 역사가 길고 오랜 중국은 3000년에 이르는 긴 세월 동안 시간적으로 빈 부분 없이 수많은 그림을 남겨 오늘에 전한다. 산수화山水畵는 종이와 먹을 일찍 발명한 한자문화권이 창출한 회화 중 가장 눈부시게 빛나는 장르로, 전통회화의 정화精華나 백미白眉로 지칭된다. 인물이나 화조보다 나중에 성립되었음에도 불구하고 이와 유사한 서구西歐의 풍경화風景畵보다는 5세기나 앞선다. 소재素材의 특성상 양羊은 산수나 인물화가 아닌 화조화의 장르에 드는 영모화 범주에서 찾아볼 수 있다. 그러나 양과 함께 특정 인물을 그리기도 했다. 양 자체가 드문 한국이나 일본보다는 단연 중국에서 빈번하게 그려졌다는 것은 오늘날 전하는 작품 수량에서도 확인된다.

이는 긴 역사의 흐름에서 광활한 영토를 지닌 중국이 유목민遊牧民과 오랜 교류를 가진 것과 양을 가축家畜으로 기른 사실에서 연유한다. 양은 의식주衣食住 세 측면 모두에 걸쳐 있다. 젖과 고기는 일용할 양식과 옷으로 삼고 몽골에서는 가죽으로 덮은 천막집 파오(유르트)에서 생활하는 등 큰 비중을 지니니 자연스런 귀결이기도 하다. 현 중국 영역에 포함된 지역 내 암각화岩刻畵를 시작으로 한漢 고분벽화 벽돌에 그린 목축과 수렵 장면, 고사인물화, 그리고 당唐 이후 동물 그림으로 순수한 감상화에 이르기까지 긴 세월에 걸쳐 이 소재에 대한 긴 흐름을 엿볼 수 있다.

> 소무 흉노에 있을 때 10년간 견지한 한나라에의 절개.
>
> 흰 기러기 상림원 위를 날며 공중에서 편지 한 통 전한다.
>
> 양 치는 변방에서의 고통, 해 지면 고국에 돌아갈 수 없는 절망감.
>
> 목마르면 깊은 샘물 마시고 굶주리면 하늘에서 내리는 눈을 먹네.
>
> 동으론 사막이 아득히 멀고 북쪽 하수 다리에선 슬픈 이별.
>
> 이능의 옷깃을 잡고 울며 서로 흘린 피눈물이여.
>
> (蘇武在匈奴 十年持漢節 白鴈上林飛 空傳一書札 牧羊邊地苦 落日歸心絶 渴飮月窟水 飢餐天上雪 東還沙塞遠 北愴河梁別 泣把李陵衣 相看淚成血)
>
> 이백李白(701~762)의 시 「소무蘇武」

소무의 안서雁書와 황초평의 질석성양叱石成羊 - 두 고사인물도

양과 관련된 중국 일화로는 소무蘇武(?~60 기원전)와 황초평黃初平의 고사가 잘 알려져 있다. 어느 나라나 국력을 키워 영토를 팽창시키며 통

일을 이루는 과정에서 다른 민족과의
접촉에 따른 분쟁은 다반사이다. 이
해관계의 차이로 국가 사이 분쟁은
늘 있어왔으니 오늘날도 이와 크게
다르지 않다. 소무는 섬서성 서안西
安 사람으로 그의 부친은 공신功臣이
었다. 북방민족과의 접촉에서 역사상
그 족적이 분명한 실존 인물인 그는
기원전 100년 전한前漢 무제武帝 때
중랑장中郎將의 직책을 받아 흉노匈奴
에 사신으로 파견되었으나 억류된다.

「양 치는 소무」, 진자화,
비단에 담채 148.5x101.5cm,

항복을 강요받았으나 절의를 굽히지 않고 거부하여 바이칼 호黑海 주변
의 황량한 곳으로 보내진다.

흉노 측에서 숫양이 새끼를 나면 돌려보내겠다는 등 불가능한 조건을
걸어 잡아두자 양치기 목동牧童 신세로 전락한 것이다. 흉노는 양국의 화
친 후에도 그가 죽었다며 돌려보내지 않아 무려 19년 동안 이역의 하늘
아래서 굴욕적인 삶을 영위한다. 기원전 81년 소제昭帝 즉위 후 흉노와
의 본격적인 화해가 이루어져 비로소 장안長安으로 귀환하게 된다. 이 역
사적 사실은 길게 상찬되었고 교육적 귀감龜鑑의 차원에서도 오랜 세월
회자되어 그에 얽힌 이야기들이 적지 않게 생산되었다. 그림의 주제로도
채택되어 양을 치는 모습으로 등장하는 것이 일반적이다.

명明 진자화陳子和는 오위嗚偉(1459~1509)에 방불한 절파화풍의 수묵
인물을 즐겨 그린 화가이다. 거칠고 활달한 필치로 그린 대작으로 황량

하고 스산한 북쪽 지역에서 곤경을 겪는 듯 애처로움이 묻어나는 「양 치는 소무蘇武牧羊」를 남기고 있다. 청 말기 인물과 화조화에 새로운 활기를 불어넣은 청 상해파 임이任頤(1840~1896)가 그린 목가적인 모습에서 보다 따뜻한 느낌의 소품으로 나타나는 등 오랜 세월 즐겨 그려진 주제이다.

천진무구天眞無垢한 동심童心과, 동안童顔에 대한 바람은 오늘날만의 것은 아니었다. 장수와 더불어 나이 들어도 물리적 변화에 초연할 것을 기대했다. 중국 신선 가운데 영원한 소년 모습을 한 주인공은 다름 아닌 황초평黃初平이다. 앞서 소개되었듯 조선에서도 도석 인물의 소재로 양이 그림 속에 등장하는 것은 조선 후기 이후의 것들이 주류이다. 황초평은 세월의 흐름을 타지 않고 15세 동안童顔을 유지한 양 치는 신선이다. 여러 신선이 등장한 「군선도」에서는 초평은 허름한 목동 차림으로 여러 양을 거느린 소년의 모습을 취하고 있어 찾기 쉽다.

본격적인 양 그림 – 송 이전 명화名畵

이른 시기 그림에서는 양이 인물에 딸려 있지만 동반자同伴者 지위로 등장한다. 양 형태 묘사의 사실성과 함께 화면 내에서 점하는 비중 또한 가볍지 않다. 염입본閻立本(?~673)의 「집공도執貢圖」와 주방周昉(8세기 후반)의 「만이집공도蠻夷執貢圖」는 작품 제목이 알려주듯 같은 주제의 작품이다. 즉 후자는 분명히 전자를 참고한 것으로 생각된다. 두 그림 모두 화면 오른쪽 첨簽에 그림에 대한 남다른 관심으로 송 휘종徽宗(1132~1182)이 그 화가와 작품 제목을 적고 있다. 그는 송나라 황실에 간

「집공도」(부분), 염입본(7세기), 비단에 채색
61.5x191.5cm, 타이베이 고궁박물원

「만이집공도」, 주방(당, 8세기 후반), 비단에 채색
46.7x39.5cm, 타이베이 고궁박물원

직된 명화의 수장목록인 『선화화보宣和畵譜』를 편찬했으며 서화가書畵家
이기도 하다.

이들 그림은 작품명이 시사하듯 당 황제에게 공작 깃으로 만든 큰 부
채, 새, 상아, 괴석, 양 등 각종 진귀한 선물을 가져오는 장면을 담고 있
는데 얼굴 형태와 머리 모습, 피부색이며 의상, 샌들에 이르기까지 이국
적異國的 풍정이 잘 드러난다.

염입본은 부친 염비閻毘와 형 입덕과 함께 관직에 있었으며 그림으로
명성을 얻었다. 주방은 중국 당唐나라 8세기 중후반경에 활동한 섬서성
陝西省 장안長安 출신으로, 선배인 장훤張萱과 함께 당의 2대 화가로 꼽힌
다. 그의 그림을 신라에서 고액에 사갔다는 기록이 전한다. 초상화와 더
불어 우아하게 차려입고 한가하게 놀이를 즐기는 귀부인들의 풍만한 모
습을 즐겨 그린 사녀화仕女畵로 유명하니, 당시 전형적인 궁정인물화의
화풍을 잘 보여주고 있으며 후대의 범본範本이 된다.

「고목 아래 다섯 양」, 조광윤(송, 10세기),
비단에 채색 32.8x36.4cm, 타이베이 고궁박물원

조광윤긔光胤(10세기)이 그린 「고목 아래 다섯 양枯樹伍羊」에는 송 황실 소장임을 알려주는 도장이 있다. 조광윤은 화조화의 대가大家로 일찍 이름을 얻은 황전黃筌의 스승이다. 그는 고양이와 토끼 등 동물 그림에 뛰어나 명성을 얻었다. 이 양 그림은 타이베이에 있는 고궁박물원에 간직된 그의 대표작으로 모두 10점으로 구성된 화첩에 들어 있다. 10점은 비록 원색 아닌 흑백 도판이나 '사생화훼寫生花卉'란 명칭으로 『고궁명화삼백종故宮名畵三百種』에 게재되어 전체를 엿볼 수 있다. 나비와 잠자리 같은 초충, 수선과 동백, 국화, 추규, 부용 등 꽃, 고양이, 토끼, 양 등 영모를 하나같이 나무와 바위 그리고 산수를 배경으로 등장시켰다는 공통점을 지닌다. 매 폭 예외 없이 송 효종孝宗(1127~1194)의 어제시御製詩가 있어 그림의 격조를 더한다.

40cm도 채 못 되는 둥근 종이에 그린 양으로 원산遠山과 야트막한 언덕에 바위와 고목을 배경으로 다섯 마리의 양이 등장하고 있다. 한가로운 정경으로 양이 취한 자세는 각기 다르나, 고려 공민왕의 대표작 격으로 간송미술관에 소장된 「두 양二羊」에서 보이는 양과 종류뿐 아니라, 자세까지 닮아 흥미를 모은다. 조광윤의 예에서도 알 수 있듯 양은 소나 말, 고양이 등과 함께 비교적 이른 시기부터 동물 그림의 소재가 되었음을 알 수 있다.

문헌을 통해 양 그림을 살피면 먼저 송宋의 기서祁序가 「목양도牧羊圖」를 그렸음을 확인할 수 있다. 『선화화보』에 무려 14점이나 작품 제목이 명기되어 있는 기서는 싸우는 소의 그림 「투우도鬪牛圖」와 「고양이」 그림에 있어 후대에도 맞수가 드문 뛰어난 화가로 평가되고 있다. 남송의 화원으로 인물과 말 그림에 이름을 얻은

「네 양」, 진거중(남송, 13세기 초), 비단에 담채 22.5x24.2cm, 타이베이 고궁박물원

진거중陳居中(13세기 초)이 그린 「네 양四羊」은 새가 깃든 나무 아래 주로 백색에 얼굴에는 검은 털이 있는 양들이 서로 어우러진 모습이다.

유목민 왕조에서의 양 그림 – 원元과 청淸

원元 조맹부趙孟頫(1254~1322)는 그림과 글씨에 두루 능했고 특히 고려 말과 조선 초 서예에 큰 영향을 끼친 송宋 종실 출신宗室出身 서화가이다. 그의 걸작으로 '중국 역대 3대 명화'에 포함되는 「작화추색鵲華秋色」의 세부를 보면 누런색이어서 소나 양으로 보이는 무리의 동물이 등장한다. 그의 「두 양二羊」에는 화면 내 그림을 그리게 된 동기를 밝힌 제사가 있다. 화면은 종이로 배경에 대한 묘사 없이 수묵水墨만으로 양과 산양山羊인 염소를 함께 그렸다. 좌측에 화가 자신이 쓴 3행의 제사에선 사생寫

生한 사실도 언급하고 있다. 산수와 달리 동물 소재에서 문인화의 멋과 어엿함을 드러내나 다소 복고적인 성향의 그림으로 보이기도 한다. 매우 섬세한 세필細筆로 그렸으되 양은 먹 번짐인 선염渲染이, 염소는 선묘線描가 두드러진다.

중국은 물론 조선과 일본에서도 화가들에게 미술 교과서로 쓰였던『고씨화보顧氏畫譜』에 명明 화원으로 호랑이 등 동물뿐 아니라 각 소재에 두루 능한 상희商喜(15세기 전반)의「양」이 한 폭 실려 있다. 한 모퉁이에 인물이 등장하나 양이 주인공으로 후대 양 그림의 교본 역할을 했으니 이에 연원을 둔 후대 그림이 여럿 전한다.

구영仇英(16세기)은 칠공漆工 출신으로 시작해 명사대가明四大家에 속하

「두 양」, 조맹부(원, 1254~1322), 종이에 수묵 25.2×48.4cm, 미국 프리어 갤러리

「양」, 상희(명, 15세기 전반), 『고씨화보』

「청명상하도」(부분),
구영(명, 1505~1555경),
30.5×987cm,
타이베이 고궁박물원

며 명대 인물화의 일인자로 지칭된다. 북송 말 한림학사로 풍속화의 거
장인 장택단張擇端의 대표작인 4월 5일 청명절 전후 당시 수도인 지금의
하남성 개봉이 변경汴京의 번성한 풍광을 담은 「청명상하도淸明上河圖」가
있다. 이를 여러 화가들이 다시 옮겨 그렸는데 구영의 그림도 전한다. 이
작품에 원화와 차이가 있으니 전원에서 연날리기를 하는 어린이 부근에
양이 노닐며, 방목으로 소나 말과 함께 무리를 이룬 양들이 끌려가는 모
습이 그것이다.

고려 공민왕恭愍王(1330~1374)은 세자世子 시절 원의 수도 연경燕京에
머물며 송宋 유민遺民인 한족漢族 지식층 조맹부의 제자들과 교류하며,
그 자신이 그림을 남달리 즐겼기에 조맹부의 그림을 접했을 가능성이 매
우 높다. 공민왕이 양을 그리게 된 배경에는 이와 같이 원 화단과의 교류
가 있다.

청淸의 양 그림을 그린 화가로 가난하여 젊은 시절 조화造花를 만들다
가 그림에 손을 대 화조화로 명성을 얻은 심전沈銓(1682~1760경)을 들게

된다. 그는 일본 왕의 요청에 의해 1731년 도일渡日한다. 일본서 3년간 머물며 주로 채색으로 그린 화조가 주류이나 현지에 작품을 남겼고 일본 화단에 적지 않은 영향을 끼쳤다. 일본에서 화조사생화파花鳥寫生畵派를 형성해 그를 따른 일본 제자들도 있는데 그의 사실적인 화풍에 서양의 원근법을 가미한 마루야마 오쿄圓山應擧(1733~1795)가 있다. 심전의 유작은 일본을 통해 우리나라로 유입되어 1754년 작「버드나무 아래 양들柳下遊羊」이 알려져 있다.

　서양에서 온 예수회 선교사宣敎師 낭세령郎世寧(1688~1766)은 궁정에 머물면서 동양화에 서양화 기법을 가미한 독특한 양식의 그림을 다수 남겼다. 말 그림이 압도적으로 많으나 양 그림도 있다. 앞뒤의 배경만 바꾸었지 등장한 양의 형태나 자세는 똑같은 것으로, 청의 고종高宗

「버드나무 아래 양들」(부분), 심전(청, 1682-1760경),1754년, 종이에 채색 118x59cm, 개인

(1712~1799)이 명明 선종宣宗의 양 그림을 방한「개태도開泰圖」는 타이베이 고궁박물원에 소장되어 있다. 명 말기의 개성과 특징있는 인물화의 대가 진홍수陳洪綬(1599~1652)에 비견되는 청 상해파上海派의 거장 임웅任熊(1820~1864)은「양 떼群羊」를 남기고 있다.

　중국에선 양 그림이 멀리 선사시대 암각화부터 시작해 고분벽화, 그리고 20세기를 지나 오

「개태도」(부분), 고종(청, 1712~1799), 종이에 채색 127.7×63.0cm, 타이베이 고궁박물원

「양 떼」, 임웅(청, 1820~1864), 비단에 담채 27.3×32.8cm, 북경 고궁박물원

늘에 이르기까지 일본이나 한국과 비교할 때 활발하게 그려졌다. 넓은 의미로 화조영모화에 등장한 동물 소재뿐 아니라, 고사와 도석인물 및 풍속화의 부분에서 등장한다. 제왕을 비롯한 관료 등 지식인 층 문인화가 및 화원 등 직업화가 모두가 즐겨 그린 소재이며 양을 소재로 한 크고 작은 명화가 두루 전한다.

이원복

참고문헌

▪ 『故宮名畵三百種』(臺灣故宮博物院, 1959)

▪ 張樹柏編, 『故宮藏畵精選』(讀者文摘亞州有限公司, 1981)

'목축하는 이향異鄕'의 가축 :
일본 미술에서의 양

가공의 동물로서의 양

나라奈良 도다이지東大寺의 쇼소인正倉院 호쿠소北倉 유품에는 일련의 협힐夾纈 및 납힐臘纈 병풍이 있다. 사슴이나 앵무와 함께, 코끼리와 양이 수목 아래에 배치되어 있다. 양은 소용돌이 모양의 휘감긴 뿔을 머리 위에 펼치고 있다. 동체에는 역삼각형의 무늬가 6~7개 그려져 있다. 양을 사육한 경험이 없는 사람에게는 기이하게 비치지만 이것은 원래 겨울에 성장한 털이 여름에 빠질 경우 나타나는 현상이다. 그러나 이 직물을 만든 직공이 실제로 산양을 본 경험이 있는지는 알 수 없다.

같은 쇼소인 난소南倉에는 은항아리가 있다. 지름 42.2cm, 높이 61.9cm에 이르는 소장품 중 최대의 금속 제품으로 달리는 말 위에서 몸을 돌려

「羊木臈纈図屏風」
(서기 856년의 조사에 기재됨, 도다이지 쇼소인東大寺正倉院)

활을 쏘는 수렵 장면에는 양으로 여겨지는 동물이 아주 교묘하게 선각되어 있다. 텐표天平 3년(서기 767)의 명문銘文에서 도다이지에 헌납된 일자를 알 수 있으나 서역취미西域趣味의 모티프는 나라 시대의 일본인에게는 그야말로 이국취미의 도안이었을 것이다.

건조지대에서 유목에 의해 사육된 양은 일본열도에도 몇 번이고 이입이 시도된 것 같다. 그러나 고온다습한 기후와는 궁합이 나빠 근대 이전에는 정착해서 번식시키지 못했다. 십이지를 구성하는 동물 중에서 가공의 존재인 용을 제외하면 양은 일본에서 가장 친숙하지 않은 동물에 속해왔다. 역설적이지만 『산해경山海経』에 근거한 에도 시대의 『괴기조수도감怪奇鳥獣図鑑』에서 보이는 '환橞'이나 '총농葱聾'이라는

「狩猟文様銀壷」(서기 767년의 기명記銘, 도다이지 쇼소인東大寺正倉院)

「쌍양존」(은대 후기, 기원전 13~11
세기, 네즈 미술관根津美術館)

괴수가 양을 가장 충실히 사생한 것이다.

중국에는 은대 후기의 청동기 「쌍양존双羊尊」이 있다. 대영박물관과 일본의 네즈根津 미술관에서만 볼 수 있을 뿐 그 이외의 동형의 작품은 알려져 있지 않으며 중요문화재로 지정되어 있다. 기원전 13~11세기까지 거슬러 올라가는 작례로 여겨지며 그릇의 전체에 양모를 표현한 것처럼 인상鱗状의 문양이 새겨져 있다. 귀중한 작례로 네즈 미술관이 자랑하는 작품이지만, 일본에 존재한다고 하는 사실 이외에는 본 작품을 새삼스럽게 일본문화에 연결시켜 논하는 것은 곤란할 것이다. 실제로 근대 이전의 양의 표상은 일본열도에서는 그 대부분이 중국의 고전에 의거한 것에 지나지 않는다. 美라는 한자의 어원에는 제설이 있지만, 살이 쪄서 거대한 양羊이 미美를 의미한다는 설도 있다. 하지만 그러한 심미의식은 일본에는 정착하지 않아, 헤이안 시대에는 세이쇼 나곤清少納言이 『마쿠라노소시枕草子』에 '작은 것은 모두 아름답다'고 쓴 것처럼 섬세하며 취약하고 작은 것을 손바닥으로 애완하는 축소지향이 일본열도 문화사에는 현저했다고 할 수 있다.

중국 고전에 나타난 양의 계승

중국 고전에 나타나는 양이 일본에서 어떻게 그려졌는지에 대해 여러 예를 관찰하고자 한다. 우선 저명한 것으로는 황초평黃初平의 전설을 들 수 있다. 그는 진의 갈홍葛洪 찬撰 『신선전神仙伝』 중에 기록된 선인의 한 명이다. 15살 때에 양을 치는 중 한 도사를 만나 금화산金華山의 석실로 이끌려 40여 년 동안 집에 돌아가지 않았다. 형 초기初起가 소재를 물어 대어 산중에서 재회했을 때는 벌써 선도仙道를 체득하고 있었다. 형의 눈에는 흰 돌로 밖에 보이지 않았던 것에 초평이 '양이여 일어서라' 하고 명하면 돌이 바뀌어 수만 마리의 양이 되었다는 일화가 알려져 있다. 셋슈雪舟(1420~1506)가 양해梁楷(13세기 전반)의 작품

「梁梁楷模写·黄初平図」(셋슈雪舟, 교토 국립근대미술관京都国立近代美術館)

「黄初平」(시마다 겐탄島田元旦, 오사카 시립미술관大阪市立美術館)

을 모사해서 가져온 「황초평도黄初平図」가 지금까지 전해온다. 양이 너무 작아서 작은 돌로 잘못 볼 수도 있지만 실제로도 갓 태어난 새끼 양은 말라깽이처럼 아주 취약해 보인다. 암석과 양의 무리가 닮아 보인다는 것도 일본에서는 쉽게 납득할 수 없지만, 풀 사이로 석회암이 얼굴을 내미는 초원에서는 오히려 흔히 볼 수 있던 풍경일 것이다.

「黃初平」(오가와 우센小川芋銭, 이바라기 현립미술관茨城県立美術館)

「蘇武牧羊図」(마루야마 오쿄円山応挙 밑그림, 기온마츠리祇園祭의 호쇼야마保昌山 야마보코山車의 마에가케前掛, 밑그림은 교토 국립박물관 소장, 자수는 1773년 원작, 1990년 복원)

황초평의 화제画題는 길상번영의 표식으로 환영받아 일본에서도 계승된다. 마루야마 오쿄円山応挙(1733~1795)가 동일한 화제를 그려서 돌이 수만의 양으로 바뀌는 장면이 족자掛け軸로 만들어졌다. 그 묘사에서 보면 오쿄応挙는 실제로 양을 관찰할 기회를 가졌을지도 모른다고 추측된다. 그의 제자뻘 되는 시마다 겐탄島田元旦(1787~1840)도 서양화법을 도입한 동일 주제의 작품으로 알려져 있다. 근대가 되면 오가와 우센小川芋銭(1868~1938)에게도 '황초평'이 알려져, 여기에서는 돌인지 양인지 알 수 없는 면상綿状의 덩어리가 농담과 같이 화면 가득 불규칙하게 점재하고 있어, 신 남화를 목표로 한 화가의 자유와 무아의 장난기 넘치는 여유의 경지를 말해준다.

마루야마 오쿄가 관련된 작품에는 기온마츠리祇園祭의 보쇼야마保昌山의 야마보코山車 앞에 드리우는 마에가케前掛에 그려진 '소부보코요즈蘇武牧羊図'의 밑그림이 떠오른다. 안에이安永 2년(1773) 작으로 동네의

마츠야 우콘松屋右近과 카츠조勝造 형제가 협력해 히라샤지緋羅紗地에 자수를 놓았다. 이 천이 심하게 해져 1990년(헤세이平成 2년)에 복원되었다. 기원전 100년에 해당하는 해에 사자로 흉노에 파견된 전한의 관리 소부蘇武는 19년간 붙잡힌 몸이 되어 아무도 없는 들에서 목부로서 기러기를 통해 고향에 무사함을 전했다고 한다. 나카지마 아쓰시中島敦의 소설 '이능李陵'에 의해서 젊은 독자에게도 알려져 있는 일화이다.

'십이지'나 '석가열반도' 속의 양 혹은 산양

십이지의 동물을 그린 그림 두루마기, 에마키絵巻는 무로마치室町 시대에 융성한다. 단편 소설, 오토기조시御伽草子와의 관련이 지적되고 있지만 그 안에 양도 등장한다. '쥬니루이에마키十二類絵巻'의 현존 작례의 하나로 양에 대한 해설, 코토바가키詞書로서 'めぐりきて/月みる秋に/またなりぬ/これや未の/あゆみなるらむ'라는 우타歌가 곁들여져 있다. 우타아와세歌合せ라고 하는, 와카和歌의 완성도를 겨루는 취향으로 소丑에 연관되는 와카와 경쟁한 기록이 있으나 이때의 한자判者는 소의 편을 들어주었다. 몇 가지 다른 유형의 이야기도 있다. 십이지 동물이 와카를 겨루면서 사슴

「十二類絵巻」에 그려진 「未」(부분, 무로마치室町 시대, 개인 소장)

에게 심판을 의뢰했으나 너구리가 부러워하여 심판에 입후보를 해보지
만 우롱당한다. 십이지 이외의 동물들을 동원해 와카 싸움에 도전하지만
패퇴한다는 내용이다. 하지만 여기에 등장하는 양은 아무리 봐도 산양에
지나지 않는다.

시대가 지나 에도 시대의 중국 취미를 보면, 우타가와구니요시歌川国芳
(1798~1861)의 「부유미타테쥬니시武勇見立十二支」에서는 관우에게 양을
할당하고 있다. 배경에는 『삼국지연기三国志演技』의 유행이 있었을 것이
다. 그려진 양은 소와 같은 뿔이 달리고 긴 털로 덮여 있으며 항우에 비
해 미니어처럼 작아, 성수成獣로서는 스케일에 그야말로 부조화스럽
다. 실제로 쿠니요시는 「十二支見立職人づくし」나 「外道・獣の雨宿り」 등에
도 양으로 보이는 동물을 반복해서 그리고 있다. 쇼쿠닌즈쿠시職人づくし
에서는 양은 종이紙(카미)를 먹는다는 점 때문에 그 연상작용으로 머리카
락髪(카미)을 다루는 이발업과 연관되었다. 또한 아마야도리雨宿り 그림

「十二支見立職人づくし」에서 「髪結いの未」(부분,
우타가와 쿠니요시歌川国芳, 다색 목판)

의 양 옆에는 '카미쿠즈'라고 쓰여
있어 죽롱竹籠에 종이 집게를 가
진 차림새이므로 카미쿠즈紙屑 가
게로 분장하고 있다는 것을 알 수
있다. 하지만 여기에는 아무리 봐
도 사실적인 양은 등장하지 않는
다. 아무래도 쿠니요시의 양은 무
로마치의 십이지에마키의 후예인
것 같은데, 산양 얼굴을 하고, 곧

바른 뿔에, 턱수염이 나 있는 모습으로 그려져 있으니 말이다. 우면牛面의 양은 이 밖에도 십이지를 다룬 인롱印籠 등에도 각인된 예가 알려져 있다. 이러한 십이지 도안은 메이지 이후, 오가타겟코尾形月耕(1859~1920)의 「月耕漫画」 등에 계승된다.

「仏涅槃図」(부분, 모리 테츠잔森徹山, 에도 시대, Joe Price Collection)

다른 계통으로 불교 도상에서는 열반도에 양이 그려져 있다. 보스턴 미술관 소장의 하나부사잇쵸英一蝶(1652~1724)에 의한 '열반도'에서도, 또한 프라이스 콜렉션에서 볼 수 있는 모리 테츠잔森徹山(1775~1841)의 '불열반도'에도 가릉빈가迦陵頻伽나 말, 소, 낙타의 사이에, 또한 긴 털의 산양 혹은

葛飾北斎《羊》『北斎漫画』第14篇

티베트의 야크와 같은 양이 앉아 있다. 여기에 비하면 「호쿠사이만가北斎漫画」 14편 외에서 보이는 양은 보다 사실적이다. 호쿠사이는 나가사키長崎의 데지마出島 관장을 통한 지식을 과시하지만, 과연 이 그림의 발단이 무엇이었는지는 그때까지 판명되지 않은 것으로 보인다.

「호쿠사이만가北斎漫画」를 포함해 양은 독립된 하나의 주제이기보다는

중국 전래의 전설상에 등장하는 동물로 그려지든지, 십이지나 열반도라는 동물종합세트(즈쿠시尽し) 같은 화제에 다른 동물들과 함께 그려지는 것이 대체적인 평가라고 해도 좋다.

유럽화의 각인 : 근대의 양

메이지 시대가 될 때까지 크리스트교 금지령이 있었던 일본에서는 종교화 혹은 농민화로서 목동의 모습을 그리는 전통은 없었다. 야마나시 현립미술관山梨県立美術館에는 바르비종 파의 화가, 장 프랑수아 밀레Jean-François Millet(1814~1875)의 「夕暮れに羊を連れ帰る羊飼い」(1857~1860) 외의 작품이 소장되고 있다. 조반니 세간티니Giovanni Segantini(1858~

「夕暮れに羊を連れ帰る羊飼い」(장 프랑수아 밀레Jean-François Millet, 1858~1860, 야마나시 현립근대미술관山梨県立近代美術館)

1899)의 작품으로도 우에노上野 국립서양미술관에 「양의 전모煎毛」 (1883~1884)가 소장되어 있어, 일본에서 양을 그린 농민화에 대한 뿌리 깊은 인기가 있었다는 것이 알려져 있다. 이것도 근대 이후의 서구 사회 로의 동경에 유래하는 관심에서 우러난 구입 의욕 현상일 것이다. 실제 의 양의 방목도 젖소의 사육과 함께 메이지 이래 홋카이도 개척으로 북 미식 유목농경이 도입된 이후의 유럽화 풍물이라고 할 수 있다.

레오나르 후지타Léonard Foujita, 즉 후지타 츠구바루藤田嗣治(1886~ 1968)는 양을 그린 작품으로 알려져 있으나 이것은 서양 크리스트교의 전통인 「三王礼拝」(1960)라는 그리스도 탄생을 그린 도상에 상투적인 우 리 속의 양을 더한 것, 그것을 가톨릭으로 개종하여 프랑스에 귀화한 일 본인 화가가 답습한 것에 지나지 않는다. 이솝 이야기의 늑대와 양의 일화도 메이지 시대에는 문명개화를 풍자하는 카와나베쿄사이河鍋暁斎 (1831~1889)의 기가戯画에 등장하지만, 양은 외래의 방목문화, 크리스트 교 서양문명의 속성이 어느 정도 일본에 도래했는지를 이야기하는 표식 이 된다.

근대 이후의 일본인 예술가에게는 양을 그리는 것이 일본 내에는 존 재하지 않는 목축사회로의 이국정취를 불러일으키는 경험이며, 또 불 교의 원류를 거슬러 올라가 유라시아 대륙의 심부가 기르는 방목문화 를 탐색하는 '여행으로의 권유'이기도 했다. 전자의 전형으로는 스기야 마 야스시杉山寧(1909~1993)의 「양」(1960)의 시리아 풍경이, 현대의 일본 판 오리엔탈리즘 회화라면 후자의 대표로서는 실크로드의 여로의 풍경

「羊」(스기야마 야스시杉山寧, 1960)

「牧童」(히라야마 이쿠오平山郁夫, 1972)

을 생애의 테마로 하여 문화사절로서의 자부를 관철한 히라야마 이쿠오平山郁夫(1930~2009)의 「牧童」(1972)을 상기할 수 있다. 이와 같은 문화훈장 수상자이며, 일본에서는 모르는 사람이 없는 '일본화'(아교와 동양화에 쓰는 광물질의 분말 안료, 이와에노구岩絵具를 화재畵材로 하는 회화의 장르)의 대가인 거장은 해외에서는 거의 무명으로 상품 가치를 전혀 발휘하지 못한다. 이 국제적인 시장에서의 낙차에도 주목할 필요가 있을 것이다. 대체로 목축문화권이라면 진부하다고 해도 좋을 일상적 광경, 초원과 목동과 양의 무리라는 3점 세트가 만들어내는 태피스트리의 시정詩情이 일본에서는 인구에 회자되었다.

이같은 현상은 입체 작품에서도 반복된다. 스와코諏訪湖의 석조공원에는 오와 사쿠나이大和作内(1894~1987?)의 「牧童の羊」이라는 군상이 있다. 목초지를 떠오르게 하는 인공 공간은 홋카이도를 제외한 일본 내지에서는 호반의 잔디라는 옥외 미술관 외에는 찾아볼 수 없으리라. 그것을 교묘하게 무대로 하여 현지 출신 조각가의 작품이 항구적으로 전시되고 있다. 하지만 일본의 미적 감성에서는 양이나 산양의 해골을 정면에서 그린 주술성 높은 표현은 기피되어 가축의 박제를 절단한 작품이나 목양견을 사용하여 살아있는 양의 무리에게 양의 화상으로 된 매스 게임을 연기하게 하는 발상은 생기지 않는다. 대체로 양의 자취가 옅은 것에서 목축문화로부터의 인연이 멀었던 일본문화가 드러난다.

이나가 시게미 | 이향숙 옮김

제
3
부

문학 속의
양 이야기와 서사 구조

총론:
한중일 양 이야기의 서사구조

우리문학에 나타난 양

고전문학에서의 양 이미지

고전문학에서 '양을 친다'는 표현은 신하의 충절을 뜻한다. 중국 한의 소무蘇武가 흉노에게 사신으로 갔다가 억류되었을 때, 19년간 양을 치며 절개를 잃지 않았다는 데에서 유래한다. 조선시대 문인 권필權韠은 임진 왜란 때에 포로로 잡혀가 끝내 절의를 굽히지 않고 생환한 강항姜沆을 소무에 비견해, "부신符信으로 가지고 간 지팡이는 양을 치다가 다 닳고 글 만 겨우 기러기에 전했네節義看羊落, 書纔賴雁傳."라고 찬양했다.

이광정李光庭은 '망양록亡羊錄'이라는 글을 남겼는데, 여기에서 '양을 잃다(亡羊)'는 장자莊子에서 따온 말로, 자기 본분을 잃지 말라는 뜻이다.

'망양亡羊'이란 말은 장자莊子의 『전국초책戰國楚策』에서 '양 잃고 울 고친다'는 뜻으로 사용했다. 『열자列子』에서는 여러 가지를 한꺼번에 구하지 말라는 뜻으로 각기 쓰이고 있다.

조선 후기에 이광정李光庭이 엮은 한문 단편집이며 그의 문집인 『눌은집訥隱集』 21권에 실려 있다. 작품의 저작연도는 정확하지 않으나 저자의 60세 이후 만년에 이루어진 것으로 추측된다. 당시 민중들의 입을 통해 전해오던 속언·고어들 가운데 경세에 도움이 될 만한 21편의 이야기를 세련된 문장으로 엮어놓은 이야기 모음이다. 이 중에서 가장 큰 비중을 갖고 있는 작품들은 당시에 가난하게 살아가면서도 좌절하지 않고 해학과 기지로 꿋꿋이 살아가는 민중들의 삶을 그린 '해장蟹醬', '노파의 오락老婆之伍樂', '호예虎倪' 등의 이야기이다.

특히 '노파의 오락'은 『망양록』의 4분의 1을 차지하고 있을 뿐 아니라, 내용면에서도 주목할 만한 작품이다.

옛날 한 관리가 고을을 행차할 때 조그마한 움막에서 곱추병을 앓고 있는 노파를 만난다. 관리가 "이런 곳에 살면서 인생의 즐거움이 있겠는가?" 하고 질문하자, 그 노파는 "사람이 어떻게 살든지 그 나름의 낙이 없겠습니까?" 하고 대답한다. 그 즐거움이란 여자로 태어나 미천한 신분으로 살면서 일하고 병들고 배고프고 춥게 사는 것이라고 설명한다. 왜냐하면 여자이기에 군역을 면제받고, 미천하기에 마음이 편하고, 일하기에 하늘의 재앙이 없으며, 병들어 있기에 세금 독촉과 관리의 횡포가 없으며, 춥고 배고픈 날을 견디면 좋은 날이 오기 때문이라는 것이다.

'천근賤近', '유재遺材', '망사網士', '도학선생道學先生' 등은 모두 당시 과거제도의 모순을 신랄하게 지적하고, 인재 등용의 난맥상을 풍자한 작품들이다. 이렇게 사회문제를 풍자 수법으로 다룬 작품 외에도 건전한 인격 형성에 보탬이 될 만한 이야기들을 우화적 수법으로 표현한 것들도 있다. 지나친 욕심, 오만, 허명을 경계할 것과 보은, 참된 우도友道에 대해 깊은 관심을 보여 주고 있는 작품들이다. (『한국민족문화대백과사전』)

이러한 뜻은 의병장 곽재우郭再祐(1552~1617)의 다음 시 「비파 산에 숨어 살며」에도 나타난다.

퇴거비파산退居琵琶山

물러나 비파산에 살면서

붕우연오절화연朋友憐吾絶火煙

친구들은 속세와 인연 끊은 나를 불쌍히 여겨

공성형우낙강변共成衡宇洛江邊

함께 낙동강 변에 집을 지어주었네

무기지재담송엽無饑只在啖松葉

나 굶지 않아요, 다만 솔잎을 씹고

불갈유빙음옥천不渴惟憑飮玉泉

목마르지도 않아요, 맑은 샘물 마신다오

수정탄금심담담守靜彈琴心淡淡

고요한 마음 지키며 거문고 타니, 마음은 담담하고

두창조식의연연杜窓調息意淵淵

두견새 우는 창가에 앉았더니 생각은 맑고 깊어라

배년과진망양후百年過盡亡羊後

백년을 헛되이 다 보내고 양을 잃은 후에야

소아환응칭아선笑我還應稱我仙

비웃던 나를 두고 신선이라 부르겠지

조선의 의병장이 1602년(선조 35) 기관죄棄官罪로 귀양살이를 한 지 3년
만에 석방되어 영산면 동쪽 낙동강 가의 창암리 두어칸 초당(망우당)을
짓고 솔잎을 양식으로 벽곡 생활을 할 때 지은 시로서 망양亡羊은 어지러
운 세상을 표상한 것이다. 이와 같은 당쟁과 사회 혼란은 조선시대 문신
장만張晩의 시조에서도 나타난다.

풍파에 놀란 사공 배 팔아 말을 사니

구정양장九折羊腸이 물도곤 어려워라.

이후로 배도 말도 말고 밭 갈기만 하리라.

꼬불꼬불한 산길 등 험한 길을 '구절양장九折羊腸'이라 하여 양의 창자
로 표현하며 세상살이의 어려움을 비유했다. 초장 '풍파에 놀란 사공 배
팔아 말馬을 사니'에서 '풍파'는 당쟁을 의미하며, 중장 '구절양장九折羊腸
이 물도곤 어려워라'에서 '구절양장'은 초장의 풍파와 마찬가지로 벼슬
살이의 어려움을 의미한다. 종장 '이후로 배도 말도 말고 밭 갈기만 하리
라'는 이 시조의 주제연으로, 관직에서 물러나 한가롭게 농사를 지으며
초야에 묻혀 살고 싶다는 작가의 소망이 잘 드러나 있다.

현대시에서의 양 이미지

현대시에 있어서도 이 같은 양의 이미지는 계속된다.

김종삼의 시 「북 치는 소년」에서 작가는 '어린 양들의'란 표현을 썼다.

내용 없는 아름다움처럼

가난한 아희에게 온

서양 나라에서 온

아름다운 크리스마스카드처럼

어린 羊들의 등성이에 반짝이는

진눈깨비처럼

'북치는 소년'은 보통의 아이들과 다른 애수, 환상의 소년이다. 김종삼의 시에 나오는 아이들은 항상 혼자이고 가난하며 비극적 존재로 나타난다. 이 시의 2연에서 보이듯 가난하지만 걸맞지 않게 서양 나라에서 온 크리스마스카드를 받은 아이다. 6.25 동란이 휩쓸고 간 폐허에 풀꽃처럼 곳곳에 있던 고아원의 풍경이다. 시인은 지금 서양의 소년이 북치는 모습의 그림을 보고 있다. 아무것도 전해주지 않는 생생한 그림, 그 생소함과 아름다움을 말해주는 것이 '내용 없는 아름다움'이란 표현이다. 그것은 순수한 아름다움이며 감동 그것일 뿐이다. '어린 양'은 '아이, 소년'과 만나며, '진눈깨비'에서 비극적 여운을 진하게 남긴다. 이 시는 고도의 생략법, 간결한 압축, 애수적인 환상과 신비로운 정감, 예술성이 넘치는 현대 서정시의 정취를 느끼게 한다.

다음 신석정申夕汀의 1939년 작품 「소년을 위한 목가」에서도 같은 정감을 느낀다.

소년아
인제 너는 백마를 타도 좋다
백마를 타고 그 황막한 우리 목장을 내달려도 좋다

한때
우리 양들을 노리던 승냥이떼도 가고
시방 우리 목장과 산과 하늘은
태고보다 곱고 조용하고나

소년아
너는 백마를 타고
나는 구름같이 흰 양 떼를 데불고
이 언덕길에 서서 웃으며 이야기하며 이야기하며 웃으며
황막한 그 우리 목장을 찾아
다시오는 봄을 기다리자

신석정의 시에서 양은 우리 민족을 상징하고 조국을 목장에 비유하고 있다.

판소리에 나타난 양의 이미지

신재효본 심청가 중에서 심청이가 뱃사공을 따라가기에 앞서 자신의 모친 무덤 앞에 제찬과 제주를 진설하고 통곡하며 올리는 말에 이런 사설이 있다.

애고 어머니 애고 어머니, 나를 낳아 무엇하자 산제불공 정성들여 열 달을 배에 넣고 그 고생이 어떠하며, 첫 해산 하시렬 제 그 구로劬勞가 어떻겠소. 자식 채 모르고 진자리에 별세할 제 그 설움이 어떻겠소. 어머님 정성으로 이 몸이 아니 죽고 혈혈히 자라나서 열 살이 되삽기에 내 속에 먹은 마음 기일이 돌아오면 착실히 제사하고 무덤에 돋은 풀을 내 손으로 벌초하여 호천망극 그 은혜를 만일萬一이나 갚겠더니, 이제는 하릴없어 수중고혼 될 터이니 불쌍한 우리 모친 사명일士名日은 고사하고 제삿날이 돌아온들 보리밥 한 그릇을 누가 차려 놓아주며, 초중草中 우양도牛羊道에 무덤을 뉘 말리리. 백양白羊이 부득로不得路의 막막야전漠漠野田 될 것이요, 죽어서 혼이라도 모친 얼굴 보자 한들 모친 얼굴 내 모르고, 내 얼굴 모친 몰라 서로 의심할 터인데 수륙이 달랐으니 혼인들 만나겠소. 내 손으로 차린 제물 망종 흠향亡終欽饗 하옵소서. 애고 애고 설운지고. (『신재효 판소리사설집』)

심청이의 절통한 심경을 피력하고 있는 위 대목에서 특히 심청이 자신이 죽은 후에 어머니의 무덤이 양 떼에 밟혀 흔적조차 없이 사라지게 될 사정을 생각하며 설움을 고조시키고 있다. '백양百羊이 부득로不得路의 막막야전漠漠野田 될 것이요'라는 대목에서는 서럽게 죽은 모친의 무덤만이라도 잘 보전코자 하는 인간적인 도리와 가축의 동물적인 무분별을 대

비시켜, 자식 된 도리를 다하고자 하나 이제 어찌할 수 없는 자신의 처지를 극적으로 형상화시켜 놓았다. (나경수『열두띠 이야기』)

양이 희생제물이 된 유래

'아시다·발리' 제의 (히마찰브라데쉬 지역)

히마찰 주의 산악 깊숙한 곳에 부모와 딸 레누카가 함께 사는 작은 집이 있다. 레누카는 9살에 시집을 갔는데 신랑은 멀리 사는 사람이었다.

레누카는 부모가 그리워 자주 가보고 싶다고 졸랐다. 그러나 이 지역의 관습으로는 그것이 용납되지 않았다. 며느리를 데려가려면 며느리의 남자 형제가 마중 와서 데려가야만 했다. 그런데 레누카에게는 남자 형제가 없기 때문에 그것이 불가능했다. 그래서 언제나 부모를 생각만 하곤 했다.

레누카는 언덕 경사진 면에 1그루 새마루 나무를 심었다(새마루는 산지에 흔한 아름다운 나무이며 일반적으로 '시루쿠·곳톤'이라 부른다). 그리고 이 묘목을 부모라고 생각하여 귀중하게 돌보며 매일 들렀다. 시간이 흐르자 묘목도 쑥쑥 자라나 큰 나무가 되었다.

어느 날 밤 레누카는 꿈을 꾸었다. 꿈에서 한 여신女神이 나타나 이렇게 말했다.

"레누카야, 머지않아 네게는 남동생이 생길 것이다."

레누카는 대꾸 했다.

"만일 내게 동생이 생긴다면 꼭 '아시다·발리'를 해드리겠습니다."

'아시다·발리'라는 것은 오랫동안의 소원이 이루어졌을 때, 신께 드리는 제의였다. 이것을 위해서는 8마리의 동물을 희생제물로 바쳐야만 한다.

그로부터 얼마 후 레누카의 어머니는 남자아이를 낳았다. 그 아이에게 랑빌이라고 이름을 붙였다. 랑빌은 점점 커서 친구도 많이 생겼다.

이 지역에서는 제의가 있을 때 결혼한 누나들도 집으로 돌아와서 모두에게 맛있는 과자를 주고 함께 즐겁게 놀 수 있었다. 물론 랑빌도 누나가 함께 했으면 좋겠다고 생각했다.

어느 날 어머니와 이야기를 나누는 중에 랑빌은 자기에게도 레누카라는 누나가 있다는 것을 알게 되었다. 그는 건강한 소년이기에 누나가 있는 곳으로 달려가고 싶다고 생각했지만 길을 알 수가 없었다.

그러던 중 그는 꿈을 꾸었다. 꿈속에서 한 아름다운 여자가 나무 밑에 앉아서 눈물을 흘리고 있었다. 그가 가까이 가자 "동생아, 동생아!"라고 그녀가 불렀다.

랑빌은 아침에 일어나 어머니께 꿈 이야기를 하면서 "가서 누나를 데려오겠다."고 말했다. 어머니는 아직은 어려서 무리라고 생각했다. 그러나 랑빌은 한사코 우겼다. 그는 누나가 있다는 마을 이름만 듣고 출발한 것이다.

소년은 무사히 그곳에 도착해서 누나를 찾았다. 그가 꿈에서 본 여성이었다. 누나와 동생의 만남은 다행하고 기쁜 일이었다.

레누카는 언젠가 여신에게 약속한 것을 잊지 않고 있었다. 그래서 '아시다·발리'의 제의를 드리기로 했다. 그녀는 희생제물을 태울 장작을 준비하고 몇몇 스님을 초청했다. 스님들은 경을 읽고 의식을 시작했다.

드디어 희생제물을 바칠 시간이 되자 스님은 희생제물인 산양을 가지고 오라고 했다.

그러나 이때 돌연히 신의 음성이 들려왔다.

"산양은 안 된다. 인간을 희생제물로 바쳐라."

레누카는 당황했다. 그녀는 벌떡 일어나 "저를 희생제물로 써주세요." 하고 애걸했다. 그러나 성스러운 목소리가 들려왔다.

"안 된다. 여자는 희생제물이 될 수 없다. 남자라야만 된다. 네 아들들이 있지 않느냐?"

레누카는 기가 막혔다. 말문이 막히어 우두커니 서 있자, 다시 우레 같은 소리가 울렸다. "거절한다면 네 약속은 버린 것이다."

레누카는 결심을 하고 두 아들을 희생제물로 바쳤다. 날카로운 칼로 자기 아들의 목을 내려쳤다. 두 아이의 머리는 제상 위에 굴렀다. 주위에 섰던 사람들은 아연실색하여 말없이 보고 있을 뿐이었다. 레누카는 두 개의 머리를 보자기로 싸서 방에다 갖다 두고 아들의 몸만 제단에 놓았다. 아들의 머리는 나중에 다시 한 번 보려고 한 것이다.

그런데 이때 신의 목소리가 다시 한 번 울렸다. "2개의 머리를 가져오너라! 머리가 없어서야 어떻게 희생제의가 되겠느냐?"

레누카는 급히 아들의 머리를 가지러 방으로 들어갔다. 그런데 놀랍게도 두 아들이 놀고 있는 것이었다. 그녀는 얼떨결에 두 아들을 껴안았다. 그때 신의 음성이 들렸다. "이번에는 산양을 바쳐도 좋다. 내가 네 신앙심을 시험해 본 것이다."

이렇게 하여 산양을 희생제물로 바치고 '아시다 · 발리' 제의가 끝났다.

레누카는 두 아들을 데리고 동생과 함께 부모가 계시는 집으로 향했다. 몇 년 만에 재회한 레누카와 부모의 기쁨은 이루 말할 수 없었다. (山室靜『インド昔話抄』第三文明社, 1979)

이 이야기의 줄거리를 순차적으로 정리하면 다음과 같다.

① 하마찰이란 곳에 부모와 딸 레누카가 살고 있다.

② 레누카는 9살에 먼 곳으로 시집을 간다.

③ 부모가 그리우나 갈 수가 없다(남자형제가 데리러 와야만 같이 갈 수 있는 풍습 때문이다).

④ 레누카는 꿈에 남동생이 생긴다는 신의 계시를 받는다.

⑤ 랑빌(남동생)은 누나를 찾으러 길을 나선다.

⑥ 누나는 소원이 이루어져 아시다 · 발리 제의를 위해 산양을 준비한다.

⑦ '인간을 바치라'는 신의 음성이 들린다.

⑧ 할 수 없이 레누카는 두 아들을 희생제물로 바친다.

⑨ 희생제물이 된 두 아들이 다시 살아난다.

⑩ 신은 레누카의 신앙심을 시험한 것이다.

이 이야기는 ①~③ 레누카의 소원까지가 제1부이고, 제2부는 ④~⑥, 제3부는 아시다 · 발리 제의 관례를 깬 신의 의지가 나타나는 것으로 끝난다 ⑦~⑩. 산양을 제의에 바치는 것은 어린 양을 의미한다. '어린 양'이란 때 묻지 아니한 순진하고 순수한 사람을 지칭하며 신앙심의 표상이다.

신앙심으로 표상된 '어린 양'에 대해서는 구약성서에 '아브라함과 이삭'의 일화가 있다. 역시 어린 이삭을 제물로 바치라는 하느님의 계시가 있자 아브라함은 인간으로서 견딜 수 없는 아픔을 참고 아들을 희생제물로 바치기로 한다.

아브라함이 이삭을 제물로 바치다

하느님께서 아브라함을 시험해 보려고 "아브라함아!" 하고 부르셨다.

"어서 말씀하십시오." 하고 아브라함이 대답하자 하느님께서는 이렇게 분부하셨다.

"사랑하는 네 외아들 이삭을 데리고 모리아 땅으로 가거라. 거기에서 내가 일러주는 산에 올라가 그를 번제燔祭물로 나에게 바쳐라."

아브라함은 아침 일찍 일어나 나귀에 안장을 얹은 후 두 종과 아들 이삭을 데리고 제물을 사를 장작을 쪼개서 하느님이 일러주신 곳으로 서둘러 떠났다. 길을 떠난 지 사흘 만에 아브라함은 그 산이 멀리 보이는 곳에 다다랐다. 아브라함은 종들에게 "너희는 나귀와 함께 여기에 머물러 있어라. 나는 이 아이를 데리고 저리로 가서 예배드리고 오겠다." 하고 나서 번제물을 사를 장작을 아들 이삭에게 지우고 자기는 불씨와 칼을 챙겨 들었다. 그리고 둘이서 길을 떠나려고 하는데, 이삭이 아버지 아브라함을 불렀다.

"아버지!"

"애야! 내가 듣고 있다."

"아버지! 불씨도 있고 장작도 있는데, 번제물로 드릴 어린 양은 어디 있습니까?"

"애야! 번제불로 드릴 어린 양은 하느님께서 손수 마련하신단다."

말을 마치고 두 사람은 함께 길을 떠나 하느님께서 일러주신 곳에 이르렀다. 아브라함은 거기에 제단을 쌓고 장작을 얹어놓은 다음 아들 이삭을 묶어 장작더미 위에 올려놓았다. 아브라함이 손에 칼을 잡고 아들을 막 찌르려고 할 때 하느님의 천사가 하늘에서 큰 소리로 불렀다.

"아브라함아, 아브라함아!"

"예, 말씀하십시오."

아브라함이 대답하자 하느님의 천사가 이렇게 말하였다.

"그 아이에게 손대지 마라. 머리털 하나라도 상하게 하지 마라. 나는 네가 얼마나 나를 공경하는지 알았다. 너는 하나밖에 없는 아들마저도 서슴지 않고 나에게 바쳤다."

아브라함이 이 말을 듣고 고개를 들어보니 뿔이 덤불에 걸려 허우적거리는 숫양이 눈에 띄었다. 아브라함은 곧 그 숫양을 잡아 아들 대신 번제물로 드렸다.(창세기 22:1-13)

① 하느님께서 아브라함에게 아들 이삭을 번제물로 바치라는 지시를 한다.

② 아브라함이 지시받은 산으로 가서 제단을 차린다.

③ 이삭의 질문, "불씨도 있고 장작도 있는데 번제물은 어디에 있는가."

④ 아브라함의 대답, "하느님께서 준비하신다."

⑤ 제물 삼아 아들을 묶어 제단에 올려놓고 칼을 들어 찌르려고 할 때, 하느님의 음성이 들린다.

⑦ "이삭에게 손대지 마라. 너희 믿음을 시험하여 보았다. 양을 번제물로 바쳐라."

‘아시다 · 발리’ 제의는 오랫동안 소원하던 것이 이루어졌을 때 신에게 양을 바치는 것이고 아브라함이 드리는 번제는 속죄제贖罪祭라는 차이가 있을 뿐 양을 제물로 바치는 것은 같다. 그리고 믿음을 시험하려는 신의 시도도 같다고 할 수 있다.

우리나라에서는 돼지를 바치는 풍속이 양을 바치는 제사보다 보편적이다. 그것은 집합을 이루고 농경을 위주로 하는 사회에서는 집에서 쉽게 사육할 수 있는 돼지가 구하기 용이하기 때문이며 이동하면서 생활하는 유목민족들에게는 양이 그러했기 때문일 것이다.

최인학

한국 양 이야기의
서사구조

한반도에서의 양의 유입과 사육

　남면북양南綿北羊이라고 하면, 1930년대에 조선총독부가 조선 농민에게 강요한 정책이었다는 점을 우선 떠올릴 것이다. 한반도 남쪽의 농민들에게는 면화를 재배하게 하고, 북쪽의 농민들에게는 가구당 5마리씩의 양을 사육하게 하자는 것인데, 소위 일본 제국의 공업원료 증산정책을 위한 것이었다. 그렇지만 여기에 이를 기회로 조선을 일본의 병참기지兵站基地로 만들려는 의도 및 당시 일본에 닥친 경제대공황의 여파를 극복하기 위한 의도가 교묘하게 작동하고 있었다는 것은 이미 알려진 역사적 사실이다. 그런데 여기서는 이를 문제 삼고자 하는 것이 아니라, 이를 연결고리로 삼아 양에 관한 또 다른 역사적 사실을 말하고자 한다. 그것은 바로 양의 유입 및 사육에 관한 것이다.

역사적으로 보자면, 양은 한국에서 사육해온 대표적 동물이 아니다. 더욱이 한반도 남쪽의 경우, 더더욱 이와 거리가 멀다. 그러나 일제가 북쪽의 농민들에게 양을 사육하도록 했다는 것을 보면, 남쪽에서보다는 북쪽이 그나마 양을 서식하기에 적합한 자연환경이었다는 점을 알 수 있다. 그렇다면 왜 북쪽이 양을 서식하기에 더 적합하다고 판단한 것이었을까? 몽골의 초원지대를 여행해 본 적이 있다면, 그것을 금세 알아챌 수 있을 것이라고 본다. 즉 양은 드넓은 초원지대에서 사육되는, 유목민족의 대표적 동물이라는 점을 파악할 수 있을 것이다. 지리적으로 유목민족이 거주해 온 중국 북방과 인접해 있는 한반도 북쪽이 남쪽보다는 양 사육에 적합했을 것임은 물론이다.

이것은 한반도에서 양의 유입과 사육이 역사적으로 어떻게 이루어져 왔는가를 보았을 때도 쉽게 파악된다. 이와 관련하여 『고려사高麗史』에 기록된 몇몇 내용을 살펴보기로 한다.

① 성종成宗 12년(993) 서희徐熙가 거란의 소손녕蕭遜寧과의 외교 담판으로 강동육주江東六州(흥화진興化鎭, 용주龍州, 통주通州, 철주鐵州, 구주龜州, 곽주郭州) 지역을 확보하였다. 그리고 소손녕은 낙타 10마리, 말 100마리, 양 1,000마리, 비단 500필을 서희에게 바쳤다.

② 문종文宗 10년(1056) 7월에 김단金旦이 변경邊境을 침략한 동번東蕃을 격퇴하고, 병장양마兵仗羊馬를 무수히 획득하였다.

③ 선종宣宗 5년(1088) 12월에 요遼나라가 양 2천 마리, 수레 23량, 말 3필을 선물로 보냈다.

④ 예종睿宗 11년(1116) 4월 요나라 유민들이 양, 말 수백 마리를 몰

고 와 투항하였다. 또 같은 해, 같은 달에 요나라 유민 20여 명이 양 200마리를 몰고 와 투항하였다.

⑤ 의종毅宗 8년(1154) 6월에 금金나라가 양 2,000마리를 보냈다.

⑥ 의종 23년(1169) 7월에 금나라가 사신을 보내 양 2,000마리를 선물하였다.

⑦ 명종明宗 13년(1183)년 6월에 금나라가 사신을 보내 양을 선물하였다.

⑧ 신종神宗 4년(1201)년 6월 금나라가 사신을 보내 양을 선물하였다.

⑨ 원종元宗 4년(1263) 8월 몽골 황제가 조서詔書와 양 500마리를 보냈다.

이러한 기록을 통해 볼 때, 한반도로의 양의 유입은 중국 북방민족과의 정치적 관계 속에서 이루어졌음을 알 수 있다. 또한 소략한 기록을 통해서이기는 하나, 한반도의 북쪽에서 양의 사육이 소규모로 이루어졌을 가능성을 유추해 볼 수 있다. 고종高宗 45년(1258) 8월에 몽골유격대가 승천부昇天府, 그러니까 지금의 개성 개풍군과 판문군의 남부를 쳐서 백성, 양, 말 등을 노략질하여 갔다는 점이 그 근거이다.

양의 문화적, 또는 문학적 상징: 부드러움과 희생

근대에 들어서도 양은 중국 북방 쪽에서 간간이 유입되었다. 1903년 4월 6일자 공찰公札 3호 '청국에서 수입한 양에 대한 면세 요청'에서 그것을 확인할 수 있다. 그러나 이것은 한반도 북쪽 지역을 염두에 두더라도, 한국이 주요 양 사육지가 아니라는 것, 주요 사육동물이 양이 아니라는 것을 반증하는 것이다. 그런 이유에서인지 양은 한국 문학에서 아주 희소하게 등장한다. 특히 서사문학에서는 양의 등장을 거의 확인할 수 없을 정도이다. 그럼에도 그 희소할 정도의 출현을 통해 우리는 양의 문화적, 또는 문학적 상징을 구체적으로 확인할 수 있다.

피천득皮千得(1910~2007)이 〈동아일보〉 1932년 4월 21일 자에 발표한 「양」이라는 시를 보기로 한다.

"羊아 羊아 / 네 마음은 네몸가티 희고나 / 羊아 羊아 / 네 마음은 네털가티 보드럽고나 / 羊아 羊아 / 네 마음은 네음성가티 정다웁고나"

이 시에서 양의 마음은 희고, 부드럽고, 정다운 것으로 표현되어 있다. 더 정확하게 말하자면, 양의 하얀 털이 '부드러움'과 '정다움'을 불러일으키는 것으로 표현되었음을 알 수 있다. 그런데 부드러움과 정다움은 남성적 심상보다는 여성적 심상에 더 부합한다. 따라서 양은 그 하얀 털로 인해 다분히 여성적 심상을 불러일으키는 동물로 인식되었다고 볼 수 있겠는데, 이를 이광수李光洙(1892~1950)가 〈삼천리三千里〉 제6권 제5호(1934년 5월 1일 자)에 발표한 시 「어머니의 무릎」 제1연에서 확인할 수 있다.

"어머니! / 당신의 무릎은 부드러웁데다. / 봄철 메기슭의 잔디보다도 / 녀름 하늘에 뜨는 구름보다도 / 羊의 털보다도 비단房席보다도 / 어머니! / 그 부드러운 무릎헤 제가 안젓셧지오!"

여기서 '어머니'는 참으로 부드러운 무릎을 가지고 있는 존재다. 시인은 이를 구체화하기 위해 '메기슭의 잔디', '하늘에 뜨는 구름', '羊의 털', '비단 方席' 등과 비교하고 있는 바, 그중에서 우리의 주목을 끄는 것은 바로 '羊의 털'이다. 비록 이 시에서 '羊의 털'이 어머니 무릎의 부드러움보다는 못한 것으로 제시되고 있지만, 어머니 무릎에 비교될 수 있다는 것 자체에 주목하여 볼 때, 양의 문화적, 또는 문학적 상징의 핵심으로

'부드러움'의 이미지가 이미 널리 인식되어 왔다는 것을 알 수 있다.

　그러나 이것은 시에서의 얘기고, 서사문학에서는 이를 확인할 수 없다. 서사문학에서 양이 중요한 기능을 하고 있는 것으로, 필자가 찾은 거의 유일한 한국 작품은 윤복진尹福鎭(1908~1991, 필명 김수향)이 1927년 3월 28일, 29일, 31일 자 〈동아일보〉에 3회에 걸쳐 발표한 동화 「어린 羊이 보내준 無名花」인데, 이 작품에서 양의 이미지는 '부드러움'과는 약간 다른 편차를 보여주고 있는 것이다.

　이 작품은 여기서 처음 소개되는 것이기에, 우선 작품의 줄거리부터 소개해 보기로 한다. 옛날 스웨덴이라는 나라에 스미스라는 농부가 7마리 양을 치면서 매일매일 행복하게 살고 있었다. 그러던 어느 날 이리가 몰려와서 6마리 양을 잡아갔다. 이에 농부는 남은 1마리 어린 양을 보호하기 위해 양의 목에 줄을 매어 뜰에 두고 하루에도 몇 번씩 와서 물과 연한 풀을 직접 가져다주었다. 그러나 어린 양은 자유롭게 뛰어다니지 못하게 되자 풀도 먹지 않은 채 매일 슬프게 울기만 하였다. 어느 날 어린 양은 농부에게 '저기 넓은 산에 가서 마음껏 쏘다니고 싶다'고 말하였다. 이에 농부는 '그 산에는 너의 형들을 잡아먹은 이리가 돌아다닌다'고 하며 찬성하지 않았다. 그래도 어린 양이 단념하지 않자, 농부는 어린 양을 마구간에 가두었다. 그러나 농부가 마구간의 창문 닫는 것을 잊어버리고 가자, 어린 양은 그 즉시 창문을 뛰어넘어 산으로 달려갔다. 높다란 산에 오른 어린 양은 자기가 마치 산중왕이 된 것처럼 기뻤다. 그럭저럭 해가 지고 어두워지자, 이리가 뛰쳐나와 어린 양을 덮쳤다. 어린 양은 날이 새면 이리가 도망갈 것이라는 생각을 하면서 밤새도록 이리와 싸우고 또 싸웠다. 그러나 날이 밝았을 때 남은 것은 피에 젖은 양털과 뼈다귀뿐이었다. 농부는 마구간에 어린 양이 없는 것을 보고, '내 말을 듣지 않고 뛰어나가서 이리의 밥이 되었겠구나. 가엾게 죽은 그 뼈다귀나마 찾으러 가보자' 하면서 산으로 갔다. 농부가 산에 가본즉, 양털과 뼈다귀 옆에 이름을 알 수 없는 흰 꽃 한 송이가 아름답게 피어 있었다. 농부는 뼈다귀와 그 꽃나무를 가지고 집으로 돌아와 뼈다귀는 뜰 앞에 묻어주고, 꽃나무는 화분에 심어두고 죽은 양을 사랑하던 것처럼 꽃나무를 사랑하였다. 이때 임금님이 병이 들었는데, 아무리 유명한 의사라고 하더라도 병명조차 알아내지 못했다. 그러자 나라에서는 임금님의 병을 고치는 사람에게는 무엇이든 원하는 대로 주겠다고 하였지만, 아무도 임금님의 병을 고치는 사람이 없었다. 어느 날 밤, 농부의 꿈에 어린 양이 꽃송이 속에서 나와서는 '스미스 영감님, 나를 그같이 사랑하여 주셨지만 철없는 나는 당신이 일러주신 말을 거역하고 산으로 뛰어나와 다니다가 이리의 밥이 되었습니다. 그것도 용서하시고 죽은 뼈까지 고이 묻어주어서 뭐라고 말할 수 없이 고맙습니다. 그 고마운 마음을 보답하기 위하여 지금 이 나라 임금님의 병을 낫게 하는 법을 가르쳐 드리겠습니다. 나의 혼은 죽어서 어여쁜 이 꽃나무가 되었습니다. 이 꽃나무를 임금님이 계시는 방 안에 가져다 두면 임금님 병이 곧 낫게 됩니다'라고 말하였다. 꿈에서 깨어난 농부는 화분을 가지고 궁궐로 가서 임금님 침실에 가만히 들어가 화분을 임금님 머리맡에 두었다. 이후 임금님의 병은 점점 낫게 되었다. 임금님과 신하들이 이상히 여겨 농부에게 까닭을 물으니, 농부는 양이 산에 가서 죽은 일과 이름도 모르는 꽃이 피어 있기에 가져다 심은 일, 꿈에 어린 양이 나타나 지시한 일을 모두 말했다. 임금님이 '그것은 네가 양을 사랑한 까닭이다'라고 말하면서, 소원을 말하라고 하였다. 농부는 좋은 목장과 양을 사서 양을 쳤으면 하는 것이라고 말하였다. 이에 임금님은 신하를 시켜 그 나라에서 제일 좋은 목장과 양 수천 마리를 사주었다. 그리하여 마음씨 좋은 스미스 농부는 귀여운 양 떼와 한평생 즐겁게 살았다.

이상의 줄거리로 되어 있는 이 작품의 구조는 크게 네 부분으로 나뉜다. 첫째, 농부가 7마리 양 중에서 6마리를 이리에게 잃고, 남은 어린 양 한 마리를 사랑을 담아 정성껏 키우는 부분. 둘째, 자유를 갈망했던 어린 양이 농부의 말을 듣지 않고 산에 갔다가 이리에게 목숨을 잃는 부분. 셋째, 농부가 어린 양의 뼈다귀와 그 옆에 피어 있는 이름 모를 꽃나무를 가져다 화분에 심어두고 보살피는 부분. 넷째, 어린 양이 농부의 꿈에 나타나 임금님의 병을 치료할 방법을 알려주고, 농부는 그 보상으로 나라에서 제일 좋은 목장과 양을 받아 한평생 즐겁게 살았다는 부분. 그런데 이 네 부분을 관통하고 있는 내용이 바로 '사랑'이라는 점에서, 양이 이 작품에서 어떠한 기능을 하고 있는가를 어느 정도 암시받을 수 있을 듯하다.

농부는 천성적으로 순박하며, 자기가 기르는 동물을 사랑을 담아 돌보는 인물로 설정되어 있다. 그것은 7마리 양 중에서 6마리를 이리에게 잃게 되자, 남아 있는 어린 양 1마리를 보호하기 위해 뜰에 묶어두고 물과 풀을 가져다주며 돌보는 데서, 이리에게 잡아먹힌 어린 양의 뼈다귀나마 수습하려고 하는 데서, 어린 양의 뼈다귀 옆에 핀 이름 모를 꽃나무를 마치 어린 양을 다루듯이 정성껏 보살피는 데서 잘 드러난다. 그러나 어린 양은 산에 가서 마음대로 뛰놀고 싶을 뿐, 그 산에 형들을 잡아먹은 이리가 돌아다니고 있다는 말에도 전혀 두려워하지 않는다. 한번 마음먹으면 그것을 꼭 해야 직성이 풀리는 성격임을, 과거의 참사는 그리 오래 기억에 담아 두지 않는 성격임을 드러내고 있다. 오기라고 할까, 끈기라고 할까? 아니면 맹목적이라고 해야 할까, 우직하다고 해야 할까? 이리와 밤새 싸우는 어린 양의 자세에서도 이런 성격이 잘 드러난다. 아직 단단하지 않은 뿔을 가졌음에도 그것으로써 밤새 이리를 대적하다가 날이 새면 살 도리가 있을 것이라고 믿는 자세는 우직하다 못해, 참으로 바보스럽기까지 하다.

그러나 어린 양의 이러한 모든 행동과 자세가 오기에서, 끈기에서, 맹목에서, 또는 우직함에서 비롯한 것이건 간에, 그 어린 양이 죽어서 이름 모를 꽃나무로 환생한 점과 또 그 꽃나무가 제아무리 이름난 의사라도 고칠 수 없는 임금님의 병을 고치는 약이 되었다는 점에서, 우리는 어린 양의 희생이 비록 자발적인 것은 아니었지만, 그 희생이 궁극적으로는 주인인 농부를 위한 것으로 작동하고 있음을 간파할 수 있다. 그런데 이러한 서사적 작동원리의 저변에는 위에서 강조하였듯이 어린 양을 향한 농부의 사랑이 깔려 있다. 따라서 어린 양의 행동은 주인의 사랑에 대한 보답의 성격을 갖는 것이라고 할 수 있다.

양이 자신을 사랑하는 주인을 위해 무엇인가 보답하도록 서사적으로 기능해야 한다는 작가의 인식을 통해 볼 때, 양은 자기가 받은 사랑에는 반드시 보답하는 '아름다운' 동물이라는 문화적 인식이 내재되어 있음을 본다. 양은 죽을 때 아우성을 치거나 발버둥을 치거나 하지 않는 동물로 유명한데, 이왕 누군가를 위해 '값지게' 희생될 것이라면 이와 같이 아름답게 기억되고 인식되는 것도 의미가 있으리라. 그러나 작가가 마지막에서 "어린 동무들은 생물을 사랑합시다."라고 훈계적으로 언급하였듯이 누군가에게 희생을 요구하기 위해서, 또는 희생의 결과 전혀 뜻하지 않은 대가를 받기 위해서는 평상시 그것을 향한 '무한 사랑'이 전제되어야 할 것이다.

최원오

참고문헌

- 『고려사』
- 〈동아일보〉(1927년 3월 28일, 29일, 31일 자 / 1932년 4월 21일 자)
- 〈삼천리〉 제6권 제5호(1934년 5월 1일 자)

중국 양 이야기의
서사구조

인의도덕仁義道德이라는 유가적 이미지의 전복

서한西漢의 대유학자 동중서董仲舒는 『춘추번로春秋繁露』에서 양에 대해 이렇게 얘기했다. 양은 뿔이 있으면서도 멋대로 굴지 않고 다 갖추고 있어도 쓰지 않으니 어진 이와 같다羔有角而不任 沒備而不用 類好仁者. 잡아도 소리 지르지 않고 죽여도 울지 않으니 의로운 이와 같다執之不鳴 殺之不啼 類死義者. 어미의 젖을 먹을 때는 반드시 무릎을 꿇고 받아먹으니 예를 아는 사람과 같다羔食于其母 必跪而受之 類知禮者. 이에 의하면 양은 호인好仁, 사의死義, 지례知禮의 미덕을 갖춘 동물이라는 것인데, 이러한 인식이 비록 유가儒家의 관점에서 정의된 것이라고는 하더라도 본래 양이 다른 동물에 비해 온순하고 착한 데서 비롯된 것이라고 할 수 있을 것이다.

그러나 이처럼 좋은 평가를 받는 양의 모습을 중국의 서사문학 작품에서 확인하기란 쉽지 않다. 오히려 그 반대의 모습이 다수 확인된다. 『수신기搜神記』에 실려 있는 '고패顧霈'에 관한 얘기부터 거론해 보기로 한다. 고패는 오嗚 땅의 호걸이었다. 그가 한번은 승평정昇平亭에서 손님에게 송별연을 열어주었는데, 당시 좌석에는 스님과 평민도 끼어 있었다. 주인이 양을 죽이려 하자 양은 밧줄을 끊고 스님에게로 도망쳐 오더니 가사 속으로 머리를 쑥 집어넣었다. 그러나 주인은 어서 꺼내 죽이라고 명령했다. 구운 양고기를 사람들에게 돌릴 때가 되자 주인은 먼저 한 점을 베어내 스님에게 먹으라고 주었다. 스님은 고기를 삼키고 난 뒤 고기가 자신의 살가죽 속을 돌아다니고 있는 듯한 느낌을 받았는데, 그 고통을 참을 수가 없었다. 이에 의원을 불러 침을 놓게 했는데, 의원이 침 몇 대를 찔렀으나 고기는 여전히 스님의 살가죽 속을 돌아다녔다. 하는 수 없이 살을 찢고 꺼내 보았더니 그것은 그저 한 점의 고기일 뿐이었다. 스님은 그 자리에서 병을 얻어 양이 우는 소리를 내고 거품을 토하더니 절로 돌아갔다가 얼마 뒤에 바로 죽었다.

이 이야기에 등장하는 양은 특별한 능력을 갖고 있는 것으로는 그려져 있지 않다. 다만 복수심이 매우 잔인하게 발현되고 있음을 볼 수 있다. 죽고 싶지 않아 스님의 가사 속으로 숨어들었지만 스님은 숨어든 양을 보호해주지 못했고, 그 결과 죽은 양은 스님에게 잔인한 복수를 감행하였다. 스님이 병을 얻어 양 우는 소리를 내고 거품을 토하더니 며칠 있다가 죽었다는 것은, 스님의 사인이 죽은 양에 기인하는 것임을 단적으로 말해주는 것이다.

위로와 퇴치: 복수와 변신이 불러일으키는 기이奇異의 해결 방식

양이 겉보기와는 다르게 복수의 화신으로 그려져 있는 이야기 한 편을 살펴보았다. 양이 얼마나 복수를 갈망하는 짐승인가를 확실히 알기 위해, 약간은 덜 잔혹한 복수의 양상을 보이는 다른 이야기 한 편을 더 예로 들어 보기로 한다. 『법원주림法苑珠林』에 기록되어 있는, 반과潘果라는 사람에 대한 이야기이다. 당唐나라 때 도성에 성은 반이고 이름은 과인 사람이 살고 있었다. 약관도 되지 않은 나이에 도수소리都水小吏에 임명되었다. 그는 집으로 돌아온 뒤에 몇 명의 소년들과 어울려 들로 나가 놀았는데, 무덤 사이를 지나가다가 양 1마리가 양치기에게 버려진 채 홀로 서서 풀을 뜯어먹고 있는 것을 보게 되었다. 반과는 소년들과 함께 그 양을 잡아서 집으로 데려왔는데, 도중에 양이 소리 내어 울자 양 주인이 그 소리를 들을까 두려워서 양의 혀를 뽑아낸 다음 그날 밤에 양을 잡아먹었다. 그 후 1년이 지났을 때, 반과는 점차 혀가 움츠러들기 시작해 전부 없어져버렸다. 이로 인해 그는 사직서를 냈다. 부평현령富平縣令 정여경鄭餘慶은 그가 거짓말을 하고 있는 게 아닐까 의심스러워 입을 벌리게 한 뒤 확인해 보았는데, 혀라고는 전혀 없었고 혀의 뿌리 부분만이 겨우 콩알만 한 크기로 아직 없어지지 않은 채 남아 있었다. 관리가 어찌된 이유인지를 묻자 반과는 종이를 가져와 글로 써서 답변했다. 반과가 올린 글을 읽은 관리들은 일시에 탄지彈指(인도에서 온 풍습으로 놀라움이나 기쁨을 나타낼 때, 혹은 중생을 깨우칠 때 하는 동작)하며 명령을 내려 양을 위해 명복을 빌어주고 『법화경法華經』의 내용을 쓰게 하였다. 반과는 열심히 불교를 믿고 재계齋戒를 그치지 않았으며, 양을 위해 명복을 빌어주었다.

그러자 1년 뒤에 혀가 점점 자라나기 시작하더니 곧 원래의 모습으로 되돌아왔다. 반과가 다시 진정서를 올려 관직을 구하자, 현의 관리는 그에게 이정里正 자리를 주었다. 정여경은 정관貞觀 18년(644)에 감찰어사監察御使가 되었는데, 그가 직접 사람들에게 이 이야기를 들려주었다.

이 이야기에서 양은 자신을 죽인 상대를 잔인하게 죽이기까지 하는 복수를 하진 않았다. 대신 자신의 혀를 잘랐기 때문에, 혀를 자른 사람 역시 혀가 짧아지게 하여 수년 동안 고통을 당하게 하는 복수를 하고 있다. 여기서도 파악되는 것이지만, 양의 복수란 것이 매우 즉각적임을 알 수 있다. 자신이 겪은 고통을 상대에게 그대로 돌려주는 복수를 즉각적으로 실행하고 있는 것이다.

한편, 반과의 이야기를 불교적 관점에서 이해할 수도 있다고 본다. 『법원주림』이 불교 관련 서적인 만큼, 반과가 원래의 혀를 회복한 것은 불교적 수행에 따른 당연한 결과인 것이다. 그러나 정여경의 목격담이라는 것을 글의 마지막 부분에서 강조함으로써, 그 회복은 불교적 힘에 의한 것이더라도 그 원인은 매우 그럴듯한 사실에 기인한 것임을 부각시키고 있다. 다시 말해서 양의 복수가 현실적인 것일 수 있음을 강조하고 있는 것이다.

여기서 우리가 다시 한 번 파악하게 되는 것은 양이 결코 순박한 동물의 이미지로만 포장되어 있지 않다는 점이다. 이 점을 명확하게 이해하기 위해서는 양의 기이성이 부각되는, 소위 양이 변신하여 등장하는 이야기를 더 검토할 필요가 있을 것이다. 『광이기廣異記』에 기록되어 있는, '양씨楊氏'에 대한 이야기를 제시해 보기로 한다. 장안長安에 있는 양씨네 집에는 늘 푸른 옷 입은 부인이 나타나곤 했는데, 그녀가 대체 어디서 왔는지는 알 수 없었다. 그 부인은 매번 당堂 위로 올라가 곧장 여러 딸들을 찾아가서는 이렇게 말하곤 했다. "하늘이 나에게 너희 딸들을 가지라고 했다." 그러면 모두들 놀랍고도 두려워 그녀를 피했는데, 혹 미처 피하지 못하면 바로 불손한 말과 저속한 행동을 했다. 그녀는 간혹 벌거벗은 채로 걸어 다니기도 했기 때문에 사람들은 모두 눈을 가렸다. 또 바깥으로 나가면 남자들과 어울려 수작을 부리고 함부로 지저분한 관계를 맺었으나 아무리 잡으려 해도 잡을 수가 없었다. 하루는 그 부인이 여러 딸의 보따리에서 옷들을 모조리 꺼내 마당 앞에 늘어놓자 딸들은 분을 이기지 못하고 있는 대로 욕을 퍼부었다. 그러자 부인은 더러운 욕설을 마구 퍼부으며 집안의 일을 조금도 남김없이 모조리 발설하기 시작했다. 이렇게 10여 일이 지나자 양씨네 집에서는 무당을 불러와 주술로 그녀를 쫓아내려 했다. 그러나 무당이 떠나고 나면 부인이 번번이 다시 나타나는 통에 도무지 막을 도리가 없었다. 양씨네는 그 부인을 피해 다른 곳으로 이사했다. 마침 양씨의 친한 사람이 먼 곳에서 오자 양씨는 그 부인에 관한 이야기를 자세히 들려주었다. 그 사람은 본디 담력이 셌던 터라, 혼자 양씨네 원래 집에 가서 머물렀다. 밤에 그 사람이 불을 켜고 혼자 누워 있는데, 과연 그 부인이 나타났다. 그 사람은 자기를 대신해 다른 물건을 잠자고 있는 것처럼 꾸며놓고는 몰래 일어나 그녀가 신고 왔던 녹색 신발을 감추었다. 그녀는 신발을 아무리 찾아도 찾을 수가 없자 허겁지겁 도망갔다. 그 사람이 신발을 꺼내 보았더니, 그것은 다름 아닌 양 발굽이었다. 그는 계획을 세우고 양 발굽의 주인을 찾아갔다가 장생청양長生靑羊(장생은 절에서 기르는 짐승 앞에 붙이는 말)을 보게 되었는데, 그 양은 양쪽 발굽이 없어서 매우 힘겹게 걸어 다니고 있었다. 그가 양 값을 치르고

사들인 다음 죽였더니 그 부인은 더 이상 나타나지 않았다.

　이 이야기에서 묘령의 '푸른 옷 입은 여인'의 정체는 마지막에 가서야 밝혀진다. 바로 절에서 기르던 청양靑羊이었다. 청양이 어떻게 해서 여인으로 변신할 수 있었는지는 알 수 없지만, 대개 변신을 모티프로 한 설화들에서는 오래된 물건이나 동물이 변신 가능한 것으로 설정된다. 그런 점에서 이 이야기에서의 청양도 오래 묵은 동물이었음을 추정할 수 있다. 또한 절에서 기르던 짐승이었다고 한 것으로 보아 여기에서의 변신에는 종교적 신비성이 전제되어 있음도 추정할 수 있는데, 살생을 금하는 불교의 법도상 이 청양이 얼마나 오래 묵었는가 쉽게 추정하기는 어려운 일인 것이다. 하여튼 별다른 이유 없이 이 청양이 묘령의 여인으로 변신하여 양씨 집에 나타나 작란을 일으켰다는 것을 볼 때, 이 이야기에는 상서로운 동물로서의 양의 이미지는 사라지고, 요괴妖怪로서의 이미지만이 부각되어 있다는 것은 부인할 수 없다.

　그렇다면 양을 왜 이렇게 요괴에 가깝게 설정했던 것일까에 대한 의문을 가질 수 있을 터이다. 이런 의문을 해결하기 위해 '푸른 옷 입은 여인'이 '양씨 집안의 일을 조금도 남김없이 모조리 발설'할 수 있었다고 한 부분에 유의하여 보자. 보통 과거사의 발설이라는 것은 과거에 저질렀던 잘못을 들춰내어 폭로하는 것이라는 뉘앙스를 갖는다는 점에서, 이 이야기에서의 '발설' 역시 이에 준하는 의미로 이해할 수 있을 것이다. 그런데 잘못을 들춰내어 발설하는 의도에는 치죄治罪의 의미가 담겨 있기 마련이기 때문에, 결국 이러한 의문을 해결하기 위해서는 양이 예로부터 치죄할 수 있는 동물로 인식되어 왔는가를 살펴볼 필요가 있다.

해치獬豸, 다른 말로 '해태'라고 불리는 상상의 동물을 들어본 적이 있을 것이다. 『후한서後漢書 여복지輿服志』나 『진서晉書 여복지輿服志』에는 신양神羊, 『신이경神異經』에는 '양과 같은 동물'로 설명하고 있는 것으로 보아, 이 상상 속 동물이 신령스러운 양이거나, 그와 비슷한 동물이었음을 알 수 있다. 그런데 이 상상 속 동물이 곡직曲直(사리의 옳고 그름), 사녕邪佞(간사하게 남에게 아첨하는 일), 유죄有罪를 판별할 수 있었다고 한다. 따라서 이러한 고대적 인식이 이 이야기에도 남아 있는 것이 아닌가 하고 추정할 수 있다. 다만 그것이 좀 기괴한 일로 치부되어 있다고 하는 점에서 신령스러운 동물에 대한 인식의 변화, 또는 그에 대한 전복적 인식이 생겨났음을 알 수 있다. 시비곡직을 분명히 할 수 있는 능력자의 존재는 한정되어 있기에, 결국은 긍정적 인식이거나 부정적 인식이 그로부터 나올 수밖에 없는 것이다.

양 이야기의 향방: 신성神性의 소멸과 인의仁義의 발견 사이에서

중국의 서사문학에서 양의 위상은 대체로 부정적이다. 그러나 문학 외의 역사적 인식은 긍정적이었기에, 일부 서사문학 작품에서는 그런 인식을 배제하지 않고 수용하기도 했다. 따라서 이 장에서는 양 이야기에 대한 이러한 두 가지 갈림길의 양상을 더 구체적으로 살펴보기로 한다.

앞서 우리는 양이 초월적 존재로 부각되는 듯했지만, 결국엔 퇴치되고 마는 이야기를 보았다. 이제 소개할 이야기도 이와 별반 다르지 않다. 『수신기』에 기록되어 있는, '양문梁文'이라는 사람에 대한 이야기다. 한漢나

'해치'. 상상동물 중의 하나로 '해태', '신양神羊'이라고도 한다. 호문환胡文煥의 『산해경도山海經圖』(1593)에 수록되어 있는 그림이다.

라 때 제국齊國 사람 양문은 도술을 좋아해서 집에 사당을 짓고 방 서너 칸을 만들었다. 또 자리 위에 검은 휘장을 치고 늘 그 안에서 생활했는데, 그렇게 10여 년의 세월이 흘렀다. 후에 그가 제사를 지내고 있을 때, 휘장 안에서 갑자기 사람의 말소리가 들려왔는데, 스스로를 고산군高山君이라고 칭했다. 고산군은 음식을 아주 많이 먹었다. 그러나 고산군이 병을 고치면 모두 효험이 있었기 때문에 양문은 그를 매우 경건하게 모셨다. 그렇게 몇 년이 지난 뒤에 양문은 휘장 안으로 들어갈 수 있게 되었다. 한번은 신이 술에 취하자 양문은 신에게 얼굴을 한 번만 보게 해달라고 부탁했다. 그러자 신이 양문에게 말했다. "손을 달라!" 양문은 손을 내밀어 그 턱을 만졌는데, 수염이 아주 길게 자라 있었다. 양문이 조금씩 손을 돌려 갑자기 수염을 잡아당겼더니 잠시 후 양 잡는 소리가 났다. 이에 자리에 있던 사람들이 모두 벌떡 일어나 양문을 도와 신을 끌어내고 보았더니 신은 바로 잃어버린 지 칠팔 년이 되도록 어디 있는지 알지 못했던, 원공로袁公路 집의 양이었다. 사람들이 양을 잡아 죽이자 신도 사라졌다.

'양씨'에 대한 이야기에서도 확인하였듯이, 이 이야기에서도 '양의 변신'이 불러일으키는 '기이'가 서사의 주요 내용을 이루고 있다. 동물이 변신을 하기 위해서는 오래 묵었다는 것이 전제되어야 한다는 것은 앞에서 지적한 바다. 그런데 그것이 긍정적으로 작용하게 되면 '신'의 반열에 오를 수 있는 능력으로 인정될 수도 있을 터다. 그 점에서 여기에 소개한

'양문'에 대한 이야기는 이에 적합한 예라
고 할 수 있다. 스스로를 고산군이라고 칭
하면서 찾아오는 사람들의 병을 고쳤는데,
모두 효험이 있었다는 것은 '양의 변신'을
긍정적으로 인식하게끔 하는 사건이기 때
문이다. 그러나 이 이야기가 여기서 끝났
다면 몰라도, 대상의 정체가 낱낱이 밝혀
지게 되면 그 이야기는 더 이상 신성한 이
야기로 인정받을 수 없다. 인간이 신의 정
체를 과연 파악할 수 있는가? 만약 그 정

겸양. 상상동물 중의 하나. 『이아爾雅』
에서는 "양이 6척이면 겸"이라고 하였
다. 여기서의 그림은 『서산경西山經』
에 수록되어 있는 것이다. 말의 꼬리를
가졌으며, 기름은 피부 튼 것을 낫게
할 수 있다는 기록이 덧붙여져 있다.

체가 낱낱이 파악되는 신이라면, 그것은 신이라고 지칭할 수 없을 것이
다. 따라서 이 이야기에서 '원공로의 집에서 기르던 양이었는데, 잃어버
린 지 칠팔 년 되었다더라', '변신한 양을 죽였더니 신도 더 이상 나타나
지 않았다더라' 등의 표현은 '변신한 양'을 신의 위상에 두기를 거부하는
인식의 소산으로 이해할 수 있을 것이다. 이는 '양문'에 대한 이야기를
'기이한 이야기'로 받아들일 수밖에 없는 이유이다.

　양의 신성이 거부되기는 했지만, 양이 갖추고 있는 긍정적 요소가 소
략하게나마 인정되는 경우는 있었다. 『옥당한화玉堂閒話』에 실려 있는 안
갑安甲에 대한 이야기가 그에 부합하는 예다. 빈주邠州에 안씨安氏 성을
가진 백성이 살고 있었는데, 대대로 백정 일을 해오고 있었다. 그의 집에
는 암양과 새끼 양 1마리가 있었는데, 하루는 어미 양을 잡으려고 나무
틀에다 묶는 찰나에 새끼 양이 갑자기 안 아무개 앞으로 달려와 앞다리
를 꿇고 두 눈에서 눈을 주르륵 흘렸다. 안 아무개 역시 놀랍고도 기이해

한참을 가만히 서 있다가 칼을 땅에 놓아두고 그 자리를 떴다. 안 아무개는 어린아이를 불러와 함께 양을 잡는데, 눈 깜짝할 사이에 칼이 어디론가 사라져버렸다. 그 칼을 새끼 양이 물고 가 담장 밑에 놓아두고는 자기가 그것을 깔고 누워 있었던 것인데, 안 아무개는 이웃이 칼을 훔쳐갔을 것이라고 의심했다. 그는 시장에 갈 시간이 늦을까 걱정되기도 하고, 다른 칼도 없고 해서 급히 몸을 돌려 새끼 양을 집어 들었는데, 새끼 양 배 밑에 사라졌던 칼이 깔려 있었다. 이에 안 아무개는 크게 깨달은 바가 있어 어미 양을 풀어주고 새끼 양과 함께 절로 보내 장생長生을 빌어주었다. 그리고 자신은 처자식을 버리고 축대사竺大師 밑으로 들어가 중이 되었는데, 그의 법명은 수사守思였다.

동물을 키우다 보면, 간혹 그 동물에게서 인성人性을 발견하게 되는 때가 있다. 이 이야기의 '새끼 양'이 그 어미를 보호하기 위해 한 행동이 그렇다. 새끼 양이 그 어미를 보호하기 위해 백정이 쓰던 칼을 숨기고 있는 행동에서 말이다. 그런데 이것이 과연 '새끼 양'이 진정으로 의도하여 행한 결과인가? 백정은 그렇게 이해하였던 듯하다. 어미 양과 새끼 양을 절에 보내 장생을 빌어준 것도 모자라 자신의 처자식을 버리고 출가를 해버리다니! 아무런 죄의식 없이 수없이 많은 동물을 도살해왔고 처자식을 먹여 살리기 위해 자신의 소임을 다하면서 살아왔다고 생각했는데, 새끼 양이 어미 양을 보호하기 위해 하는 행동을 보고 생명의 소중함을 깨달은 모양이다. 다시 말해서 사람으로서 마땅히 지켜야 할 도리를 어린 양에게서 발견한 셈인데, 유감스럽게도 이러한 발견은 신성의 기괴화奇怪化보다는 많은 지지를 받지 못하였다.

최원오

참고문헌

▪ 馬昌儀 著, 『全像山海經圖比較』, 學苑出版社, 2003

▪ 李昉, 『太平廣記』 卷第439

▪ 姚立江 · 潘春蘭 著, 『人文動物: 動物符號與中國文化』, 黑龍江人民出版社,
  2002

일본에서의 양

보급되지 않았던 양

십이지의 동물 중, 일본 역사 속에서 가장 낯선 동물은 양일 것이다. 양은 19세기 후반, 메이지明治 시대 이전의 일본에서는 사육되고 이용된 기록이 거의 없다. 『위지魏志』의 「왜인전倭人伝」에서도 소와 말, 그리고 돼지와 함께 일본에 없는 가축으로 기술되어 있다. 말은 5세기 이후 전쟁에서 중요한 역할을 수행하는 동물로서 대대적인 도입이 이루어졌다. 소는 농경용으로 귀중한 가축이었다. 식용이 목적인 돼지는 불교에 의해 육식이 강하게 금기시되었던 일본에서는 별로 보급되지 않았다. 그러나 야생 돼지라고 할 수 있는 멧돼지가 일본의 산에는 많이 서식하고 있어 흔하게 볼 수 있었으며 사냥의 대상이었다. 일본인이 십이지의 해亥에 해당하는 동물로서 떠올리는 동물은 야생 멧돼지이며, 그것은 돼지가 식용으로 많이 사육되게 된 현대에 이르러서도 변함이 없다. 상상의 동물인 용은 불교 사원의 장식이나 불전에 나오는 용왕의 설화를 통해 역사 시대를 통틀어 일본인에게 양보다 훨씬 친근한 존재였다.

양 사육은 양모를 의복에 이용하는 것이 목적의 큰 부분을 차지했지만, 양모를 이용한 옷은 일본의 고온다습한 기후에 맞지 않았다. 게다가 양은 두꺼운 모피에서도 알 수 있듯이 본래는 차고 서늘하며 건조한 기후에서 기르는 동물이다. 양의 두꺼운 모피는 일본 여름의 길고 찌는 듯한 더위에는 잘 맞지 않는다. 메이지 시대 이후, 유럽 등의 기후에 가까우며 일본에서는 가장 추운 홋카이도北海道에서 양이 많이 사육되었다. 그것은 다른 요인도 있지만 홋카이도의 차고 서늘한 기후가 유럽이나 미국에서 들어온 양에게 적합했기 때문이다.

더욱이 또 한가지 양의 큰 이용 목적은 식용이라고 할 수 있는데, 헤이안平安 시대 이후 일본에서는 불교로 인한 금기사항으로 짐승 고기를 먹는 것이 거의 금지된다. 소는 일본에서 농경용으로 사육되었지만 결코 식용을 위해서는 아니었다. 부리는 목적의 가축으로서는 아무 역할도 수행하지 못했던 양은, 양모를 의복에 사용하지 않을 뿐만 아니라 양고기도 먹지 않는 일본에서는 무용지물이었다.

구카이空海의 '이생저양심異生羝羊心'

이렇게 현실에서는 볼 일이 없었던 양에 대해 선명한 이미지를 기술한 사례가, 구카이의 대표적 저서인 『십주심론十住心論』의 첫 부분에 등장하는 '이생저양주심異生羝羊住心'이다. '이생'이라는 것은 불교에 있어 올바른 삶을 살지 않고 욕망대로 사는 중생, 즉 생물체를 일컫는다. 구카이空海는 그렇게 욕망에 따라 살아가는 사람들의 삶의 행태를 식욕과 성욕밖에 없는 것처럼 보이는 숫양에 비유했다. 구카이는 '이생저양주심'에 대해 다음과 같이 썼다.

뉘우치는 것 없이, 맛있는 것을 강이나 육지에서 구하려 사냥하고 미녀를 구해 천지를 방황한다. 매를 풀고 개를 덤비게 해 배를 채우는 새의 생명을 해치고, 말을 달리고 활을 쏘아 살찐 짐승을 죽인다. 못을 말려 물고기를 잡고, 늪을 찾아 금수를 죽인다. 금수를 몰아가는 것을 즐거움으로 삼고, 많은 사냥감을 얻는 것이 공적이라고 여긴다. 그물을 풀어 생명을 구하는 인仁의 마음을 가지지 못하고 어찌하여 죄 때문에 눈물을 흘리는 슬픔을 행하는 것인가.

간음에 빠지는 일 끝이 없어 밤낮 즐거움에 빠져 있다. 때로는 타인의 재물을 훔치고 타인의 아내와 첩을 범한다. 거짓, 모순, 험담, 과장이라는 입의 죄, 탐욕, 성냄, 오해라는 세 가지 마음의 잘못, 타인과 진리를 비난하고 깨달음을 여는 소질이 없는 자를 늘어나게 한다. 이런 악행이 없을 때가 없고 행하지 않는 날이 하루도 없다. (⋯) 생사에 거리를 두는 것을 구하지 않고, 오로지 눈앞의 즐거움에 빠진다. 이런 사람들을 일컬어 어리석은 아이, 곧 숫양이라고 부른다. (원문은 한문, 카미가이토 켄이치 역)

인도에서 양은 오래전부터 사육되어 온 가축이었으므로 불전에도 등장한다. 구카이는 중국 장안長安에서 유학했는데, 실크로드 입구에 해당하는 장안의 근교에서는 양의 무리를 볼 수 있었을 것이다. 구카이에게 양은, 먹는 것과 섹스하는 것 이외에 흥미가 없는, 육탐에서는 최하 수준의 정신 상태를 비유하는 존재였던 것이다.

메이지 시대의 양

이렇게 양은 십이지의 한 동물로밖에 거론되지 않았고, 역사적으로도 일본문화 속에서는 전혀 존재감이 없었다. 이런 양이 급격히 각광을 받게 된 것은 일본이 전면적으로 서양화의 길을 걷게 된 메이지 시대 (1868~1912)부터이다.

메이지 정부는 복장도 서양식으로 개량하는 계획을 세웠다. 우선 관인과 군인의 의복을 서양식으로 개량하게 했다. 그중에서도 특히 군복의 재료로 모직물을 도입하게 된다. 일찍이 일본정부는 메이지 4년(1870), 이노우에 쇼조井上省三를 독일에 파견한다. 이노우에의 유학 목적은 군사학의 습득이었으나, 그는 군수품으로서 모직물에 주목하고 그 기술 습득으로 학습 방향을 전향한다. 이노우에는 4년간 독일에서 모직물 공업에 대해 학습하고 귀국후인 1889년, 센쥬제융소千住製絨所의 초대 소장으로 취임해 모직물 공업을 일본에 육성하는 데 매진한다. 동시에 메이지 정부는 모직물의 원료인 양모를 생산하기 위해 홋카이도北海道에서 양의 사육을 시작하게 된다. 홋카이도는 에도 시대江戸時代 때 남부에 마쓰마에번松前藩이 있어 일본인이 통치하는 지역이었지만 대부분은 아이누인의 거주지역이었다. 말하자면 아이누로부터 토지를 빼앗는 형식으로, 메이지 정부는 그때까지 수렵·채집의 땅이었던 홋카이도를 농업으로 개척하고자 했다. 홋카이도 개척사開拓使가 개설되어 미국의 대농장 방식에 의한 농업 경영의 도입이 기획되었다.

이런 움직임 속에서 많은 농업지도자가 미국에서 초대되는데, 그중에 양의 사육법 교습에 공적이 있었던 것은 에드윈 던Edwin Dun(1848~1931)이었다.

일본에서 처음으로 양이 사육된 것은 1873년이다. 홋카이도 개척사가 미국에서 구입한 소와 양을 던이 배로 운반해 온 것이 최초이다. 당시 24세였던 던은 고향 오하이오의 목장에서 양 180마리와 소 140마리를 데리고 요코하마橫浜 항에 도착했다. 그 후 1875년에 홋카이도로 건너가 하코다테函館에서 가까운 나나에 관원七重官園에서 낙농을 시작했다.

하지만 일본에서 양의 사육은 곤란에 빠져 메이지 정부는 일단 양모 공업의 원료가 되는 양 사육을 단념하고 양모를 수입해 일본 모직물 공업을 육성했다.

한편 던은 양의 사육을 친절하고 정중하게 가르쳐 일본 농가 여성들이 부업으로 모직물을 가정에서 손수 만들 수 있도록 '홈스펀'의 모직물 제법을 홋카이도 농가에 전수했다. 그 결과 1900년 전후에 홋카이도 제의 '홈스펀' 모직물이 '내지內地(외지인 홋카이도 등에서 일본 본토本土를 가리키는 말)'에서 인기를 얻는 현상이 일어난다. 그 현상에 대해 던의 양녀인 던 미치코ダン道子는 다음과 같이 회상한다.

이처럼 양모를 뽑아 천을 짜는 일이 농가 여성의 부업이 되어 각 가정의 수입이 불어났으므로 생활 사정은 꽤 좋아졌습니다. 지금까지 모직물을 거

의 입을 일이 없던 사람들도 추운 날의 작업복으로 귀중하게 여겼으며, 본토本土 사람들은 국산 홈스펀이라며 신기하게 여겨 그 거친 감촉을 좋아한 분들이 많이 주문해주셨습니다. (던 미치코ダン道子『메이지의 목장 울타리 明治の牧柵』, 1910, 明治43年より)

여기서 주목할 부분은 '추울 때에 작업복으로서 귀중하게 여겼으며'라는 부분이다. 일본 상류계급 의류의 원료는 견絹이었으나, 농민 옷의 원료는 오랫동안 마麻였다. 에도 시대에 이르러 면의 재배가 행해지면서 농민은 목면을 일상적으로 사용하게 된다. 일본의 여름은 고온다습하므로 마와 목면이 적합하지만, 겨울은 시베리아에서 계절풍이 불어와 상당히 추우며 도쿄와 태평양 연안 지역도 춥고 건조하다. 이런 점에서 보면 차갑고 서늘하며 건조한 기후에 맞는 모직물이 일본인의 겨울 의복의 재료로 보급될 여지는 예전부터 있었다고 할 수 있다.

홋카이도에서 양사육의 은인은 에드윈 던이라고 여겨지며, 오늘날 삿포로札幌 남쪽의 마코마나이真駒內 공원에 있는 그의 기념관에는 던의 동상이 있다. 던은 작업복을 입고 어린 양을 어깨에 업은 모습이다. 이것은 서양에서 그리스도가 '선한 양치기'로 여겨져 때로 어린 양을 등에 업은 모습으로 표현된 것과 닮아 있다.

메이지 시대, 일본에 기독교가 들어왔을 때 홋카이도는 그 중심지의 하나였다. 기독교가 일본에 들어와 기독교미술이 일본인에게 알려지게 되자 선한 양치기로서 그리스도의 이미지도 일본문화 속으로 들어오게 된다.

군복 재료로서의 양모

홋카이도의 홈스펀이 인기를 끌었다고 해도 일본에서 대규모 모직물 공업은 군복 생산과 연결되었다. 일본이 대대적인 군사 활동을 펼치기 시작하자 양모의 수요는 급증하고 사육해야 하는 양의 수요도 늘어났다. 이런 현상은 1945년 일본 패전의 날까지 계속된다. 얌전한 동물, 착한 동물이라는 게 동화에 등장하는 양의 이미지이지만, 일본 근대에 있어서 양의 사육은 확실히 군사 목적과 연결되어 있었다. 유목민족의 생활을 생각하면 양은 전투 시에도 의복과 음식의 재료로 산 채 데리고 이동할 수 있다. 이런 이유로 본래 유목생활에서의 양의 역할이 재현된 것뿐이라고 말할 수도 있을 것이다.

전후의 양

1945년 종전을 맞이한 시점에 이미 상당한 수에 달한 양은 그 이후에도 계속 증가했다. 전쟁 후의 경제 붕괴에 의해 일본은 양모를 해외에서 수입하는 것이 불가능해졌다. 의류품의 원료로 양모가 필요했으므로 양의 사육수는 증가했다. 1950년대 후반에 이르러 일본 전국에서 사육한 양의 수는 100만 마리까지 증가하게 된다.

하지만 그 후 고도 경제성장이 시작되면서 특히 초기에는 목면을 중심으로 하는 섬유공업이 미국 시장을 석권하는 현상이 생겼다. 그리하여 섬유공업의 재료를 수입하는 것이 가격면에서도 무역 마찰을 회피하는 이유에서도 유리하게 되었다. 이렇게 해서 양모도 수입 자유화의 대상이 되고 일본에서 양모 생산은 눈 깜짝할 사이에 급격히 줄어들게 되었다.

이런 식으로 불필요하게 된 일본의 양은 10년간 10만 마리까지 감소했다. 양모 생산에 쓰일 수 없게 된 양은 식용이 되었고, 일본에서 양고기를 먹는 습관이 퍼지게 된 것은 이 시기이다. 홋카이도 삿포로 근교의 목장에서 양의 불고기인 '징기스칸 요리'를 크게 선전한 것은 불필요하게 된 양모용 양의 처리를 위해서였다고 할 수 있다.

그러나 일단 보급된 식용 양도 원료를 수입하는 것은 자유이므로 현재 일본에서 쓰는 양고기의 99% 이상은 수입품이다. 겨우 1만 마리 정도가 고급 프랑스 요리의 식재료로 사육되는 것에 불과하다.

이토록 일본 양사육의 현황은 몰라보게 변해버렸지만, 서양화의 상징이기도 했던 양은 어린이들이 놀러가는 관광용 목장에서 인기를 누렸다. 그것은 서양에서의 '선한 양치기의 양 무리'로서 착하고 부드러운 이미지로 채색되어 있다. 하지만 일본에서 양모 생산은 의심할 여지도 없이 군사 산업 목적이었다는 양의 일면도 잊어서는 안 될 것이다.

양이 일본에서 진실로 평화의 상징이 되기 위해서는 메이지 시대의 한때, 홋카이도의 농가에서 행해진 '홈스펀'의 부활이 필요하지 않을까. 치즈와 와인에서 이미 세계적인 수준의 제품을 만들어내는 홋카이도이기에 양모를 통한 홈스펀의 부활도 꿈으로만 그친다고는 할 수 없을 것이다.

카미가이토 켄이치 | 심지연 옮김

제
4
부

양과 종교

총론:
한중일의 양과 종교

상형문자인 양羊이 생기게 되자, 羊은 인간의 모든 기쁨을 포괄하는 글자가 되어 '좋은 것' 또는 '상서로운 것'을 나타내게 되었다. 양의 생김새에서 딴 상형문자인 양羊은 맛있음, 아름다움美, 상서로움祥, 착함善 등의 의미로 이어진다. 즉 큰 양大羊이란 두 글자가 붙어서 아름답다는 뜻의 미美 자가 되고, 나我의 좋은 점羊이 옳을 의義 자가 된다. 양이란 상형문자에서도 착하고善, 의롭고義, 아름다움美을 상징하는 동물로 양을 인식했던 것이다.

'크고 좋고 상서롭다'는 것을 요즘처럼 '大吉祥'이라 쓰지 않고 '大吉羊'이라 썼으며, '모든 상서롭지 못한 것을 물리친다'는 뜻의 '壁除不祥'을 '壁除不羊'으로 썼던 기록이 『博古圖漢十二辰鑑』이나 『漢元嘉刀銘』 등에 남아 있다.

한중일 양에 대한 문화적 표상과 역사적 전개

사람이 양을 길러온 것은 약 1만 년 전부터로 알려졌다. 양의 기원은 불확실하나 약 1만 년 전부터 중앙아시아의 고원지대에서 유목민에 의해 가축으로 길들여진 것으로 알려져 있다.

동양에서 양은 일찍부터 영험한 동물로 알려졌으며, 소·돼지와 함께 제물로 쓰여왔다. 고기의 맛이나 질도 그만큼 좋은 동물이다. 고대 동양에서는 소는 소의 솥牛鼎, 돼지는 돼지의 솥豕鼎, 양은 양의 솥羊鼎 등에 각각 삶아서 희생물로 썼고, 각 솥에는 독특한 장식이 있었다. 양의 생김새에서 딴 상형문자인 양은 앞에서도 언급한 것처럼 아름다움, 상서로움, 착함, 의로움 등의 뜻으로 이어진다.

서양에서도 성서에 맨 처음 나타나는 짐승이 양이다. 성서에는 500회 이상 양 이야기가 인용된다. '99마리의 양을 두고 잃어버린 1마리 양을 찾아 헤맨다'는 성서의 구절을 비롯해서 예수 자신이 목자牧者였으며, 예수가 짚고 다니던 지팡이가 바로 양몰이 지팡이였다는 이야기도 있다. 고대 이스라엘 인의 생활에서 양은 중요한 희생동물이었고, 아울러 소유한 양의 수가 바로 재산을 뜻했다. 양고기는 귀한 손님을 대접하는 최고의 음식이었다.

그렇다면 목양牧羊이 자리 잡지 못한 우리나라에서는 어떤 방식으로 양을 받아들이게 되었을까?

염소와 양은 다른가?

우리는 보통 양과 염소를 분명하게 구별하지 않고 함께 일컫는다. 미년未年에 태어난 사람을 '양띠'라고 하기도 하고, '염소띠'라고 하기도 한다. 한자로 양羊은 현재 우리가 말하고 있는 면양綿羊과 산양山羊을 모두 포함해서 해석하는 경우가 있어 혼동하기 쉽다. 그러나 엄격하게 면양을 양이라고 하고, 산양을 우리말로 염소라고 한다. 이는 분명히 다른 속屬이며, 염색체 수도 다르기 때문이다. 동물계에서 면·산양은 분류학적으로 다르게 구별된다.[6]

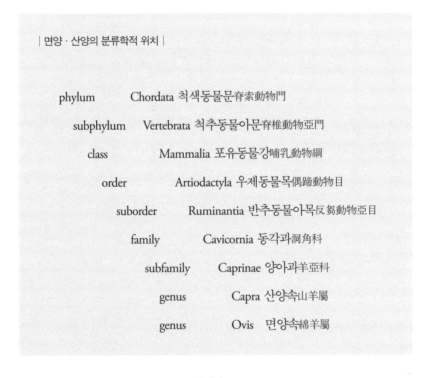

| 면양·산양의 분류학적 위치 |

phylum	Chordata 척색동물문脊索動物門
subphylum	Vertebrata 척추동물아문脊椎動物亞門
class	Mammalia 포유동물강哺乳動物綱
order	Artiodactyla 우제동물목偶蹄動物目
suborder	Ruminantia 반추동물아목反芻動物亞目
family	Cavicornia 동각과洞角科
subfamily	Caprinae 양아과羊亞科
genus	Capra 산양속山羊屬
genus	Ovis 면양속綿羊屬

6 고려대학교 생명산업과학부 손용석 교수의 정리

서양어로서는 산양goat과 면양sheep, 둘 간의 구별이 본래부터 확실한 데 반하여, 동양 제국, 특히 우리나라에서는 고증이 될 만한 문헌에 단지 '羊' 자만을 사용한 경우가 많아 착각과 혼동을 범하기가 쉽고 이해하기 곤란한 점이 허다하다.

| 양과 염소의 형태와 특성 비교 |

항 목	산 양	면 양
염색체染色體 수	2n = 60	2n = 54
외모外貌	쐐기꼴, 목이 가늘고 키가 큰 편임	둥근 편이며, 목이 굵고 키가 작은 편임
눈 밑 지방분비선	없음	있음
피모被毛	조모粗毛로 권축卷縮이 없고 윤택이 적음	면모綿毛로 권축이 있고 윤기가 있음
턱수염과 육염肉蕣	턱수염이 있으며, 고기수염을 가진 것도 있음	둘 다 없음
뿔角	대부분 유각有角임	무각無角 종도 있음
꼬리尾	짧고 위로 향하거나 수평임	길고 밑으로 늘어짐
피부皮膚	두껍고 지방이 분비되지 않음	얇고 부드러우며 지방이 분비됨
체취體臭	번식기에 특이 냄새가 있음	특이 냄새가 없음
발정징후發情徵候	외적 징후가 뚜렷함	외부 징후가 잘 나타나지 않음
군거성群居性	낮은 편임	높은 편임

『목민심서牧民心書』에 보면 '옛날 조선에는 양이 없다'고 다산필담茶山筆 談에 이야기했고, 군·현에서 목양한 것은 모두 검은 양羖이었다. 이 검은

양은 염소羘牛라 하였다. 이는 고羖 또는 하양夏羊이라고 하여 소위 면양과 구별하였는데, 당시에는 염소를 양羊이라고 부르는 경우가 많았고 면양은 그 수가 얼마 되지 않았다고 정다산丁茶山은 기록하고 있다.

일반적으로 산양과 면양은 특징에 차이가 있다. 하지만 여기에 비교된 한두 가지의 특징이 완전한 구별 기준이 될 수는 없으며, 가장 과학적인 구별 근거는 염색체 수의 차이라고 하겠다.

산양과 면양의 품종은 매우 다양하며, 구미 지역 선진국들은 나라마다 기후와 사회적 기호에 맞도록 개량하여 고유의 품종을 가지고 있다. 그중 주요한 품종과 특징을 사육 용도별로 소개한다면 다음과 같다.

젖 생산용

젖산양 dairy goat

1) 자아넨Saanen : 스위스 원산으로 모색은 백색이며 최고의 산유량을 자랑한다.

2) 브리티시 자아넨British Saanen : 영국에서 자아넨 종을 기초로 작출되었다.

3) 일본 자아넨Japanese Saanen : 일본 재래종과 자아넨 종의 교잡종이다.

4) 토겐버그Toggenburg : 스위스 원산으로 산유량이 높으나 지방률이 낮다.

5) 브리티시 토겐버그British Toggenburg : 영국산 재래종과 토겐버그 교잡종이다.

6) 알파인Alpine : 스위스 원산으로 모색은 갈색, 회색, 흑색 등 다양하다. 단백질 함량이 높다.

7) 브리티시 알파인British Alpine : 원산지는 영국이다. 무ㆍ유각 종이 존재한다.

8) 누비안Nubian : 아프리카 원산으로 모색은 밤색, 백색, 흑색(털이 짧으며 밀생)이 있다.

9) 앵글로누비안Anglo-Nubian : 영국 재래종과 누비안 종 간의 교잡종이다.

젖면양 dairy sheep

오스트프리지안Ost-Friesian : 독일 동부 원산으로 젖 생산 전용 종이다. 젖은 회백색으로 지방 함량이 높다.

육용

산양 dairy goat

1) 한국 재래종Korean native black goat : 소형종으로 모색은 백색과 흑색이 있으나 백색종은 희소하다. 체질이 강건하고 거친 사료 조건에도 적응력이 우수하다.

2) 일본 재래종Japanese native goat : 일본 남부(가고시마) 재래종과 자아넨 종과의 교배로 생산되었다.

3) 보아 종Boer goat : 남아프리카 원산으로 육용종으로 개량된 대형종이다. 갈색 반점에 백색모, 큰 키, 굽은 코, 늘어진 귀가 특징이다. 체중이 100kg까지 도달 가능하며, 콜레스테롤과 지방이 적은 고기를 생산한다. 조숙 다산성이며 질병 저항력이 커 육용 교잡종에 도입 가능하다.

면양 sheep

1) 롬니 마쉬Romney Marsh : 원산지는 영국(켄트)이다. 장모종 중 육질이 가장 우수하다.

2) 폴워드Polwarth : 원산지는 호주(메리노와 링컨의 교잡종)다. 고기의 양과 질이 우수하고 실용적이다.

3) 링컨Lincoln : 원산지는 영국(링컨지방)이다. 대형종으로 사료 이용률이 높다.

4) 코츠월드Cotswold : 원산지는 영국이다. 대형종으로 사료 이용률이 높다.

5) 써포크Suffork : 원산지는 영국 써포크 지방이다. 얼굴, 귀, 네 다리가 흑색이며 군거성이 약하다.

6) 잉글리시 레스터English Leicester : 원산지는 영국 레스터 지방이다. 장모의 순종으로 타 품종 개량에 공헌했다. 사료 이용 효율이 높다.

7) 셰비엇Cheviot : 영국 원산으로 장방형 체구에 추위에 강하고 산악 지역에 적합하다.

8) 옥스포드Oxford : 원산지는 영국 옥스포드 지역이다. 대형종으로 육질이 양호하다.

털 생산용

산양goat

1) 앙고라Angora : 원산지는 흑해 남쪽의 터키 고원이다. 모용종으로 체질이 강하다.

2) 캐시미어Cashmere : 원산지는 티베트 카슈미르 지방이다. 고급 윤택모가 특징이며 내한성이 강하다.

면양sheep

1) 메리노Merino : 원산지는 스페인이고 전형적인 모용종이다.

　① 랑부예 메리노Rambouilet Merino : 원산지는 스페인이다. 대형종으로 가늘고 긴 털(5~8cm)을 가지고 있다.

　② 오스트레일리안 메리노Australian Merino : 장모종Strong-wooled, 중모

162

종Medium-wooled, 세모종Fine-wooled으로 구분된다. 주산지는 뉴사우스웨일즈의 고원지대, 빅토리아 서부, 태즈매니아 등이다.

2) 블랙 페이스Black Face: 원산지는 스코틀랜드이다. 흑면종으로 굵은 털을 생산하며, 융단과 모포의 원료로 사용된다.

3) 사우스다운Southdown: 원산지는 영국(사우스다운)이다. 단모종의 대표적 품종으로 털의 탄력성이 풍부하고 최고의 육질을 자랑한다.

4) 코리데일Corriedale: 원산지는 뉴질랜드(메리노, 롬니마아쉬, 링컨의 교잡종)이며 모육 겸용으로 과거 국내에 주종을 형성했다.

5) 카라쿨Karakul: 원산지는 중앙아시아이며 최고급 모피로 인정받는 소형종 면양이다.

초식동물이면서 되새김을 하는 반추동물反芻動物(ruminant)인 산양과 면양은 진화 및 가축화 과정에서 여전히 나름의 특징과 습성을 유지하고 있다.

산양과 면양은 다른 가축에 비하여 조사료(풀, 짚, 나뭇잎 등 섬유질 먹이)의 섭취량이 많아서 평균 90%에 달하며, 따라서 곡류처럼 인간이 직접 식량으로 하는 먹이와 경쟁하지 않는다. 특히 산양은 자연 초지나 논둑, 강변부지, 산악지대 등지에 방목을 하는 경우 별도의 먹이가 크게 필요치 않으며, 농가에서는 아동, 부녀자, 노인 등의 유휴 노동력으로도 사육이 가능하다.

면·산양의 소화 생리상의 특징은 소화관의 해부구조상 말이나 토끼와는 달리 위가 네 군데로 분화되어 있으며 되새김反芻이라는 특유의 소화행위를 한다는 점이다. 반추동물의 첫 번째 위rumen는 소화관 중에서도 가장 확장된 부위로서, 이곳에 약 900종류에 해당하는 수많은 미생물(위 내용물 그램당 100억 마리 이상의 세균과 원충 등)이 기생하면서 숙주宿主인 동물과 서로 돕고 사는 공생共生(symbiosis) 관계를 유지한다. 동물은 미생물에게 서식처와 먹이를 제공하고 미생물은 동물을 위해 먹이를 분해시켜 흡수할 수 있는 영양분을 만들어 제공하는데, 대표적인 것이 섬유질이다. 예를 들어, 사람을 포함한 고등동물은 스스로 섬유질을 소화시킬 수 있는 능력이 없는데, 반추가축의 경우에는 이들 미생물이 섬유질을 분해시켜 흡수, 이용할 수 있게 해줌으로써 궁극적으로 인간이 영양원으로 이용할 수 없는 풀, 나뭇잎, 짚, 나무 등을 간접적 영양원, 즉 식량으로 이용할 수 있도록 해준다는 커다란 생리적 이점을 지닌다.

면양과 산양은 연중 번식이 되지 않고 특정 계절(가을)에 짝을 짓고 번식을 하는 특유의 번식 생리를 가지며, 임신 기간은 평균 150일 정도이나, 암컷의 품종, 나이, 산차, 태아의 수 등에 따라 차이가 있다. 그러나 한국 재래 산양의 경우에는 연중 번식이 가능한 특징이 있으며, 평균 산자수産仔數는 1.7두로 다른 품종의 산양에 비하여 쌍태율雙胎率이 높아 증식 속도가 빠르다는 장점이 있다.

산양의 경우에 특이한 것은 간성間性(intersex)이라 하여, 한 마리가 암컷과 수컷의 생식기를 모두 지니는 자웅동체雌雄同體인 개체가 종종 나타나는데 이들은 번식이 되지 않는다. 이 현상은 뿔이 없는 산양에서만 나타난다는 특성이 연구를 통해 밝혀지면서 뿔이 없는 무각종無角種은 유각종有角種과 짝을 지어줌으로써 이를 예방할 수 있다.

산양과 면양은 무리를 지어 사는 기질, 즉 군거성群居性이 있으며, 그 성질은 면양이 산양보다 더 강하다. 면양과 달리 산양은 나무나 바위 등 높은 곳에 오르기를 좋아하며, 저습한 곳과 추운 것을 싫어한다. 또한 행동이 활발하고 민첩하며, 수엽기호성樹葉嗜好性(browsing)을 가지고 있어 풀보다는 오히려 목을 늘여 나뭇잎을 뜯어먹기를 좋아한다. 산양은 또한 불결한 사료라든지 먹이에 이물질이 섞인 경우, 그리고 같은 사료를 오래 주는 것을 싫어한다.

면양의 경우, 산양보다 겁이 더 많으며 혼자 떨어져 있는 것을 좋아하지 않는다. 무리를 지어 사는 습성이 더 강하고, 추종심追從心이 강하여 리더leader를 잘 따르는 성질이 있어서 새끼 양을 다수 운반할 때에는 어미 양과 함께 이동하도록 한다. 면양은 풀 뜯기를 좋아하나 채식 시엔 혀를 사용하지 않고 입술을 더 사용하므로 풀의 길이가 짧아야 잘 먹는다. 방목 시에는 낮고 습한 곳보다 높고 건조한 곳을 좋아한다.

한반도에서는 고려 때부터 면양을 기르기 시작했다고 기록에 남아 있으나, 근대에 이르기 전까지 괄목할 만한 성장은 없었다.

문화 속으로 들어온 낙랑의 양들

낙랑 출토품 가운데 양 모양 패옥과 양 모양 청동제 꽂이장식이 있다. 패옥佩玉은 벽사辟邪의 의미로 석탄, 수정, 호박, 유리제로 동물 형상을 만들고, 가운데에 구멍을 뚫어 신체에 달고 다니기도 하였다. 양을 형상화한 석암리 205호 분에서 출토된 청동제 꽂이장식도 있다. 석암리 9호 분에서 출토된, 술을 담거나 데우는 용기인 청동 동준銅鐏 뚜껑에 양으로 보이는 세 마리 동물이 고리를 마주보고 서 있는 모습이 입체적으로 표현되어 있다. 이처럼 양의 형상이 많은데, 이는 양羊이 글자 형태로는 '상서로울 상祥'과 같고, 음音으로는 '밝을 양陽'과 같아서 서로 통하여 길상의 의미가 있기 때문이다.

우리나라에는 삼한三韓시대에 양을 식용으로 썼다는 이야기가 남아있고, 『일본서기日本書紀』에도 양과 관련된 기록이 보인다. '일본 법왕法王 1년(599) 7월에 백제에서 낙타 1마리, 나귀 1마리, 양 2마리, 흰 꿩 1마리를, 헌덕왕憲德王 12년(820)에는 신라에서 검은 숫양 2마리, 흰 양 4마리, 산양 2마리, 거위 1마리를 보냈다'는 내용이 있다. 이들 내용으로 미루어 볼 때 우리나라에 없던 가축이 삼한시대에 들어와 길들여지고 국가 간의 외교에도 중요한 역할을 한 것 같다.

신라가 양탄자를 수출하다

신라의 양탄자가 일본 나라의 동대사東大寺 정창원正倉院에 보관되어 있다고 한다. 정창원에는 약 50여 장의 모전毛氈이 있다. 모전은 문양 유무에 따라 부르는 이름이 다르다. 문양이 없는 단색의 모전을 '색전'이라고 부르는데, 모두 14장이 소장돼 있다. 여러 가지 색을 이용해 꽃문양을 넣은 모전, 이것을 '화전'이라고 하는데, 이곳에는 30여 장이 있다고 한다. 문양의 유무를 제외하면, 화전과 색전은 제품의 재질이나 두께 등이 거의 비슷하다고 한다. 몇 년 전 재질 조사를 통해 캐시미어 계의 양털로 만들어졌음이 알려졌다.

이들 양탄자가 신라에서 왔음을 알려주는 것은 모서리에 붙은 '첩포기'라고 부르는 꼬리표 때문이다. 현재 정창원에는 꼬리표가 붙은 양탄자가 두 장 있다. 이 꼬리표의 첫줄을 통해서는 만든 사람이 누구인지를 확인할 수 있다. '행권한사行券韓舍, 자초랑紫草娘'이 바로 그것이다. 여기서 한사라는 말은, 신라의 17관등 직급 중 열두 번째 관등을 가리키는 말이다. 즉 이 모전은 한사의 관등에 있는 행권이라는 사람의 집에서 만든 것임을 나타낸다. 또 하나 색전의 꼬리표에는 '자초랑' 댁이라는 묵서명이 적혀 있다. '자초랑' 댁이라는 묵서명은 자초랑이라는 사람의 집에서 만든 모전임을 나타내고 있다. 이 꼬리표는 지금의 상표와 비슷한 용도로 사용되었던 것이다. 꼬리표의 해석을 통해, 우리는 일본 정창원에 소장되어 있는 신라산 양탄자들은 신라에서 만든 것임을 표시한 일종의 수출 상품이었음을 알 수 있다.

삼국시대와 통일 신라시대의 기록 어디에도 양에 대한 언급이 없다. 『삼국사기』 흥덕왕 대의 복식 관련 규정에 여러 종류의 모직 제품을 찾아볼 수 있다. 신라에서는 모전 외에도 여러 종류의 모직물이 사용되고 있었다. 또한 4두품 이하의 백성들은 모직물 사용이 금지되어, 신분에 따라 차별이 있었음을 알 수 있다. 모직물의 이름이 다양하게 나타나는 것은 모직물 제조 기술이 그만큼 다양하고 발전했음을 나타내는 것이다. 그리고 신분의 한계를 규정한 것은 일반적으로 모직물을 많이 사용했다는 의미이다. 신라의 모직물 제조 기술은 중국『두양잡편』의 기록으로도 알 수 있다.

때때로 신라에서 모직물을 바쳤다. 교묘하고 아름답기가 일세의 최고였다. 춤추고 노래하며, 악기를 연주하는 모습, 벌과 나비가 춤추는 모습이 마치 실제와 흡사하여 진위를 구별할 수가 없다.

양탄자에 수놓아진 벌레와 화초가 실제를 방불케 했다고 기록될 만큼 신라의 모직물은 아시아 최고의 품질을 자랑하고 있었던 것이다. 신라에서 직접 양을 길렀다기보다는 서역에서 털을 수입하고 신라에서 직조하여 다시 일본과 중국으로 수출한 것으로 볼 수 있다.

십이지의 여덟 번째 동물, 양

양띠 해는 을미乙未 · 정미丁未 · 기미己未 · 신미辛未 · 계미癸未 등 육십갑자에서 순행한다. 양未은 십이지의 여덟 번째 동물로서 시각으로는 오후 1시에서 3시, 달月로는 6월에 해당하는 시간신이며, 방향으로는 남남서를 지키는 방위신이다.

강원도 원주시 부논면 법천리 고분군에서 출토된 양 모양 청자가 있다. 2호분에서 출토된 양 모양 청자는 중국 동진東晉(317~420) 제품으로 백제의 대외 교섭사와 지방통치체제 연구의 핵심적인 자료로 평가되고 있다. 1973년도에 신고된 이 유물은 사지를 안으로 꺾고 엎드린 양으로 전형이 거의 완전하나, 양쪽 귀와 뿔의 일부가 결실되었다. 전체적으로 회색이 섞인 녹청색 유약이 입혀져 있다.

통일 신라의 납석제 십이지상 가운데 양이 있는데, 납석제로 된 높이 7.7cm의 소형이다. 다소곳이 꿇어앉아 있는 모습으로 몸에 천의를 두르고 있다.

수락암동 1호분水落岩洞1號墳(고려, 10~13세기, 경기도 개풍군) 현실 서벽에 미상未像의 벽화가 보인다. 여기에 보이는 십이지상은 사신四神과 마찬가지로 수호신이요 방위신이지만, 그 화제畵題, 화법畵法, 분위기 등이 고구려 벽화와 판이하며 장식보다는 의례적 성격이 앞선다. 미상은 문관상으로 관冠의 전면 중앙에 양의 머리를 나타내고 있다. 그리고 관 위에 양두羊頭 외에 따로 긴 장대 끝에 달린 주색朱色의 장식이 보인다.

고려 정종靖宗 때 개성 근처에서 왕실의 식용으로 양을 사육했으나 사료가 많이 들어 섬으로 귀양 보냈다는 이야기가 있다.『문헌비고文獻備考』에도 양의 기록이 있다. '현종顯宗 9년(1018) 2월에 경목감京牧監에서 양이 새끼를 낳았는데 그중에 머리 하나에 몸이 둘인 놈이 있었다. (…) 의종毅宗 23년(1169) 7월 금金나라에서 2천 마리의 양을 보내왔는데 그중 한 마리는 뿔이 네 개였다' 등의 기록이 있다.

어린 양을 돌보는 동양의 신선과
기독교의 예수의 모습에서 큰 차이를 발견하지 못한다

양 그림으로는『조선왕조실록』에서도 양에 대한 기록을 여러 번 발견할 수 있다. 세종 30년의 기록에는, 예빈시에서 기르는 양이 1,500마리라고 적고 있다. 조선 초기에도 적지 않은 숫자의 양을 국가 의례를 담당하고 있는 기관에서 키웠던 것을 확인할 수 있다. 공민왕이 그린 간송미술관의「이양二羊」그림과 필자미상의 국립중앙박물관 소장「산양山羊」그림 등이 있다.

『근역서화징槿域書畵徵』의 공민왕조에 보면 그의 유작 10여 점이 기록되어 있는데 그중 「삼양도三羊圖」가 있다. 그러나 「삼양도」라고 기록한 것은 「이양도二羊圖」를 잘못 보고 그렇게 기록한 것으로 생각된다. 사실이 그림은 얼핏 보면 뒤쪽에 있는 양의 어깨 부분이 또 다른 한 마리의 엉덩이와 같이 보여서 3마리로 착각하기 쉽게 되어 있다. 정지된 순간적 포즈는 양의 습성과 행동양식을 적절하게 나타내고 있다.

국립중앙박물관 소장 산양 그림은 2마리씩 짝을 지어 전진하는 4마리의 염소를 사실적인 필치로 예리하게 포착한 그림이다. 앞의 공민왕의 그림의 기법을 잇고 있는데, 터럭 하나하나를 정밀한 붓으로 세밀하게 묘사하면서 염소 특유의 습성과 동작 형태까지 면밀히 관찰하여 묘사하고 있다.

조선시대 양 그림 가운데 황초평과 관련된 「금화편양도金華鞭羊圖」가 눈에 띈다. 서울대학교박물관에 소장된 필자미상의 「금화편양」과 간송미술관에 소장된 김홍도가 그린 「금화편양」, 국립중앙박물관에 소장된 「신선도(황초평)」의 그림이 대표적이다. 이들 그림을 이해하려면 진대晉代의 선인仙人 황초평黃初平 고사를 알아야 한다. 진晉나라 갈홍葛洪이 지은 『신선전神仙傳』 2권 「황초평전黃初平傳」에 다음과 같은 얘기가 실려 있다.

황초평은 단계丹溪 사람인데 15세 때 양을 치라고 집에서 내보냈더니, 신선이 그가 어질고 착한 것을 보고 금화산金華山 석실石室로 데려가서 신선도를 닦게 하니 40여 년간 집을 잊고 살았다.

그 집에서는 형인 황초기黃初起가 아우를 찾으려고 여러 해 동안 산을 헤매고 다녔으나 끝내 찾지 못했다. 그런데 시중市中에서 한 도사를 만나

아우의 행방을 물었더니 금화산 중에 황초평이라는 양치기 소년이 하나 있다고 가르쳐 준다. 황초기가 도사를 따라가서 아우를 만나 보니 아직도 15세 때 모습 그대로였다.

　그래서 양은 어디 있느냐고 물으니 산 동쪽에 있다고 한다. 초기가 가서 확인하자 양은 없고 흰 돌만 산에 가득한지라 아우에게 돌아와 어떻게 된 일이냐고 묻자 황초평이 형과 함께 가서 "양들아 일어나라." 하니 수만 개의 흰 돌이 변해서 양이 되어 일어나는데 수만 마리가 되었다.

　이 「황초평전黃初平傳」 설화를 소재로 하여 그린 그림이 「금화편양」이다. 채찍을 들고 있는 소년이 황초평이고 그 뒤에 흰 양들이 따르고 있다. 수만 마리의 양들이야 다 그릴 필요가 있겠는가. 이 『신선전』을 읽은 사람이라면 두세 마리의 양으로 이미 수만 마리의 양을 짐작할 수 있을 것이다.

　국립중앙박물관의 「신선도(황초평)」에서는 황초평이 갖가지 기물을 넣은 고비를 등에 메고 한쪽 신발은 벗고 양을 몰고 가는 모습이다. 그 외 대부분의 양 그림은 황초평의 고사를 배경으로 양을 치는 모습이나, 양을 타고 있는 모습을 그리고 있다.

실생활 속의 양

　양은 가축으로서 소, 말에 못지 않은 이용가치를 지니고 있었다. 고대의 수메르 · 이집트 · 로마 · 게르만 민족들도 이 점을 중요시하여 양을 신에게 제물로 바쳤으며, 신의 신성수神聖獸로서 경애하기도 했다. 면양은 원래 농경민족보다 유목민족에게 적합한 가축이어서 유목민들에 의하여 사람을 징벌하는 신인神·뇌우雷雨와 같은 신에 대한 희생용으로 이용되었으며, 중국과 우리나라에서도 제사용으로 쓰였다.

우리나라에서는 양이 약으로 이용되었다. 한의학에서는 양은 양陽을 돋우는 식품으로 혈액을 따뜻하게 하고 체력의 부족을 보충해 준다고 보았다. 염소 또한 보양을 위한 약으로 많이 이용되고 있다. 특히 흑염소의 약효가 뛰어나다 하여 전문적으로 중탕하여 주는 상점까지 등장하고 있다. 염소의 약효는 허약체질, 폐결핵, 위장병, 양기부족, 산후와 모든 병후에 보신보양의 효과가 있다고 알려져 있다.

우리 일상생활에서 양은 매우 긴요한 동물이다. 양피羊皮는 고급 피혁으로 장갑, 구두, 겉옷, 책표지 등에 쓰이고, 양모羊毛는 보온력이 높고 질겨 고급 양복지, 솜 대용으로 두루 쓰이는 모직물의 주원료가 된다. 양유羊乳는 우유에 비해 단백질, 지방, 회분이 풍부해 허약체질인 사람에게 좋다. 이처럼 양은 털, 고기, 뼈, 가죽 등 어느 것 하나 버리지 않고 이용되는 유익한 동물이다.

우리나라의 대표적인 식육食肉이 소고기인 데 반하여 고려 말 양고기를 으뜸으로 삼는 몽고족이 들어옴으로써 이들을 통해 양요리가 들어왔다. 중국의 『거가필용居家必用』에 나오는 양 요리법이 나오고, 『임원십육지林園十六志』에 이것을 많이 인용하고 있다. 『거가필용』의 양 요리법이 우리나라에 들어와서 그 재료가 소, 돼지, 개 등으로 바뀌었을 뿐 우리나라의 고기 요리법은 『거가필용』 요리법에 많이 연결된다고 한다.

천진기

참고문헌

- 『양의 생태와 관련민속』, 국립민속박물관, 제18회 학술발표회, 1990

- 『北譯 高麗史』, 신서원, 1991

- 『國譯 東國李相國集』, 민족문화추진위원회, 1978

- 『三國史記』, 조선민주주의 인민공화국 과학원, 1958

- 『三國遺事』(李丙燾 譯註), 廣曺出版社, 1979

- 『中國正史朝鮮傳』一, 二, 三, 四, 國史編纂委員會, 1986

- 『東國歲時記』, 이석호 譯, 乙酉文化社, 1977

- 『한국민족문화대백과사전』, 한국정신문화연구원, 1994

- 『韓國文化 상징사전』, 동아출판사, 1992

- 『전국민속종합조사보고서』(각 지역별), 문화재 관리국

- 『간송문화』17, 한국민족미술연구소, 1979

- 『간송문화』57, 한국민족미술연구소, 1999

- 『간송문화』59, 한국민족미술연구소, 2000

- 『간송문화』61, 한국민족미술연구소, 2001

- 『운명을 읽는 코드 열두 동물』, 천진기, 서울대학교출판부, 2008

- 『한국동물민속론』, 천진기, 민속원, 2003

한국 종교 속의 양

염소는 수염 달린 인심 좋은 할아버지다

우리 민족은 양과 염소를 잘 구별하지 않는다. 염소의 수컷에는 턱수염이 있다. 수염은 나이 많은 할아버지에게만 있고, 염소의 성격이 또한 온화하고 온순하여 옛날이야기나 동화 속에서 염소는 주로 인심 좋은 할아버지로 묘사된다. 또 다른 이야기에서는 양이 늑대, 호랑이에게 쫓기고 잡아먹히는 대상이 되거나, 이들 동물과 대조를 이루어 착한 동물로 묘사된다.

양은 언제나 희생의 상징이었다. 양의 가장 큰 상징적 의미가 있다면 그것은 속죄양贖罪羊일 것이다. 성격이 순박하여 양은 평화를 연상시킨다. 겁먹은 듯한 순한 눈망울과 복슬복슬한 털로 덮힌 양 떼에서 느낄 수 있는 것은 평화와 안락의 상징으로 충분하다. 양은 또한 정직과 정의의 상징이었다. 양은 반드시 가던 길로 되돌아오는 고지식한 정직성이 있다. 우리 속담에 '양띠는 부자가 못 된다'는 말이 있다. 양띠 사람은 양처럼 너무 정직하고 정의로워서 부정을 못 보고, 너무 맑아서 부자가 되지 못한다는 말이다.

양머리는 유교의 대표적인 희생물이다

음력 봄 2월과 가을 8월의 첫 丁日에 문묘에서 공자에게 지내는 제사인 석전대제에서 조俎(도마) 위에 담는 희생으로 양머리羊腥를 사용한다. 양머리는 유교의 대표적인 희생물이다. 양을 중히 여기는 생각은 세월에 따라 성수聖獸의 경지로까지 끌어올려졌으며 먹고 버린 뼈까지 인간의 길흉화복을 예시하는 영물로 간주되어 고이 간직되기도 했다. 양의 가죽옷은 제후나 대부 등 높은 신분에 있는 사람만 입을 수 있는데 논어에서 이른바 염소 가죽옷에 검은 관을 썼다는 '羔裘玄冠'이 바로 그것이다. 무릎을 꿇고 젖을 먹으며 은혜를 아는 동물로, 늙은 아비 양에게 젖을 빨리며 노후를 봉양하는 양의 모습에서 효도의 의미를 깨닫게 하는 효의 상징이다.

능묘 앞에 세워 능묘를 수호하게 하는 상설제도象設制度에 석양石羊이 있다. 상설이라 함은 능묘 주위에 세우는 석양石羊, 성상石床, 석망주石望柱, 장명등長明燈, 문인석文人石, 무인석武人石, 석마石馬 등을 통틀어 일컫는다. 왕릉상설도王陵象設圖에 보면 석양은 담 안에 석양 4좌四座를 동쪽과 서쪽에 각각 2좌씩 밖으로 향하여 설치한다. 석양의 높이는 각각 3척

이고 너비는 2척이며 길이는 5척이다. 4개의 다리 안은 파지 않고 초형草
形을 새긴다. 대석臺石에 발을 잇대는데 높이가 1척이다. 대석의 면과 지
면을 가지런히 한다.

　양은 서양의 정신사에서 가장 상징적인 동물이다. 초원 위에 흰 구름
의 형상을 수놓으며 몰려가는 양 떼의 풍경은 가장 서양적인 전원의 목
가를 낳았고, 서구의 기독교 문명을 받쳐온 성경에서 양 이야기는 무려
500번 이상이나 인용된다. 고대 이스라엘 인의 생활에서 양은 신과 인간
을 연결하는 제의祭儀의 필수품이었고, 양의 머릿수가 곧 재산을 뜻했다.
또한 양고기는 귀한 손님에게 대접하는 최고의 음식이었다. 하느님의 어
린 양인 예수가 탄생한 베들레헴의 마굿간을, 들에서 양 치던 목자들이
동방박사들에게 인도했다는 것도 양의 상징적 기능을 말해준다. 또한 예
수가 십자가에서 처형된 뒤 이스라엘이나 서양에서 양을 제물로 삼는 번
제燔祭가 없어진 것은 예수와 양이 동일시된 성서의 유산이다.

　이처럼 기독교 문화에서 양은 선량한 사람이나 성직자를 상징해왔으
며, 일상생활에서 소나 말에 못지않은 가치를 지니고 있었다. 일찍이 고
대의 수메르 인이나 이집트 인을 비롯한 그리스, 로마, 게르만 민족도 양
을 신의 신성수神聖獸로 생각했으며, 유목민족에게 양은 특히 뇌우雷雨의
신이 가장 좋아하는 제사용 동물로 여겨졌다. 고대 로마에서는 양을 미
래를 점치는 동물로 활용했다. 따라서 서양인들은 양을 가리켜 인간의
이로움을 위해 희생하고자 태어난 동물로 높은 경지의 도덕성과 생생한
진실을 상징한다고 보았다.

양띠는 돼지띠, 토끼띠와 어울리고 쥐띠는 멀리한다

양은 순하다. 위기의식을 느낄 때에는 뿔로 받는 척할 뿐이다. 누굴 괴롭히지도 않는다. 양은 신의 제물로 희생된다. 사주四柱에 양을 가진 사람의 성격은 온순하고 침착하고 욕심이 없는 것으로 생각된다. 양의 먹성은 다채롭다. 특히 초식동물에게는 먹을 것이 끝없이 펼쳐져 있다. 그래서 양띠는 집안 사정이 가난하여도 개의치 않고 학문에 전념한다. 특히 양 중에서도 가파른 산악지대에서 살고 있는 양은 산악의 환경에 삶을 지배받기에 성격이 괴팍과 온순의 극과 극을 달리는 습성이 있다. 양띠도 심한 자존심과 자만심을 내세우며 대인관계에 담을 쌓거나 남을 싫어하며 고독을 씹는 외톨이 인생이 되기도 한다. 두 마리가 외나무다리에서 서로 비켜주지 않다가 두 마리 모두 물에 빠진다는 이솝우화의 양이야기가 있다. 이를 두고 양띠는 '고집이 세다', '고지식하다'고 간주된다. 그런데 목은 짧고 몸통이 큰 양은 시야각이 좁기 때문에 앞만 보인다. 앞만 보이기 때문에 앞으로만 가려고 하다 일어나는 불상사이다. 양띠의 직업은 대부분 교수직, 교사, 언론인, 문예계 등에 알맞으나 상업, 사업, 정치, 보통 기술직에는 잘 맞지 않는다고 한다.

│ 양띠에 관련된 속설들 │

- 거만스럽고 자존심이 무척 강하다.
- 학구적인 사색을 즐기며 간섭받기를 싫어한다.
- 동서양 통틀어 학자는 양띠가 제일 많다.
- 너그럽고 욕심을 부리지 않는다.

- 아무리 못된 시어머니도 양띠 해에는 손녀를 낳아도 며느리를 타박하지
  않는다.

2003년 초 중국에서 '양띠 팔자가 사납다'는 속성 때문에 조기출산 붐
이 일었다. 2월 1일 시작되는 음력 새해를 앞두고 중국 전역에서 제왕절
개 수술, 분만촉진제 주입을 해서라도 아기를 빨리 낳으려는 조기출산
붐이 있었다는 것이다. 이는 음력으로 새해가 양羊의 해로, 양띠 아이는
팔자가 사납다는 속설 때문이라고 한다. 중국인들은 겨울에 태어난 양이
뜯어먹을 풀이 없듯 양의 해 겨울에 태어난 아이, 특히 여자아이는 운명
이 기구하다고 믿고 있다. 그런데 이런 속설은 양이 미美와 행운을 상징
한다는 중국의 전통 관념과 아귀가 맞지 않아 의아스럽다. 띠의 관념도
시대에 따라 변화되는 모습이다.

띠 궁합을 볼 때, 양 · 토끼 · 돼지는 삼합三合이다. 토끼는 돼지의 분비
물 냄새와 힘을 부러워하고, 양의 초연한 청승스러움을 태연하게 받아들
이는 자세를 취하여 해묘미 삼합亥卯未三合이 되는 것이다. 돼지 코와 양
의 코를 반반씩 닮은 것이 토끼의 코이기도 하다. 성격 면에서도 토끼는
돼지의 우묵함과 양 뿔의 건방진 자존심을 가지고 있다.

대신 양과 쥐는 원진관계이다. 쥐子는 양未의 배설물을 가장 싫어한다.
양의 배설물이 조금만 몸에 묻어도 몸이 썩어 들어가며 털이 다 빠져버
린다고 한다. 쥐띠와 양띠는 서로 피하는 회피관계이다.

평화의 사자, 순종의 대명사

성격이 순박한 양에게서 평화를 연상한다. 겁먹은 듯한 순한 눈망울과 복슬복슬한 털로 덮힌 양 떼에게서 느낄 수 있는 것은 평화와 안락의 상징으로 충분하다. 양띠 해는 그 해의 수호신이라 할 양의 성격을 닮아 평온하고 평화로운 한 해가 될 것이라고 여겨진다.

양은 언제나 희생의 상징이다. 양의 가장 큰 상징적 의미가 있다면 그것은 속죄양贖罪羊일 것이다. 서양에서는 사람을 징벌하는 신에 대한 희생물로 바쳐졌으며, 우리나라와 중국에서도 제사용으로 쓰였다. 양은 또한 정직과 정의의 상징이다. 양은 반드시 가던 길로 되돌아오는 고지식한 정직성이 있다. 속담에 '양띠는 부자가 못 된다'고 하는데, 이것은 양처럼 양띠 사람은 너무 정직하여 부정을 못 보고 너무 맑아서 부자가 되지 못한다는 것이다.

천성이 착한 탓에 해로움을 끼칠 줄도 모르면서 오직 희생돼야 하는 양들을 어떤 이는 우리 민족사에 비견하기도 한다. 구한말 지사志士 김종학 선생은 양의 슬픈 운명을 우리 민족사에 찾는 듯이 이렇게 외치기도 했다.

"흰빛을 좋아하는 우리 선조들은 심약하기 이를 데 없는 산양 떼를 빼어 닮아 오직 인내와 순종으로 주어진 운명에 거역할 줄 모르고 남으로 남으로 강자에게 쫓기어 더 갈 수 없는 곳까지 밀려왔건만 동서의 강자들은 또다시 이빨을 가니 슬프다 양 떼들이여! 또다시 얼마만한 곤욕을 치러야 하고 참지 못할 치욕을 사위어야 한다는 말이냐!

뿔을 갈자. 그리고 행진을 멈추자. 끝간 데까지 왔으니 예서 더 갈 곳도 없지 않은가. 군장群長만 따라가며 허약한 뒤를 보일 것이 아니라 군장을 중심으로 좀 더 둥글게 뭉쳐 날카로운 뿔로 울타리를 치자. 아무리 사나운 이리 떼라도 어찌 감히 넘볼 수 있겠는가!"

물론 개화기 우리나라의 무력함과 열강국의 지나친 간섭에 대한 통탄을 토로한 울분이었지만 양과 우리 민족사를 비유한 한 면을 살필 수 있다.

양羊은 글자 형태로는 '상祥'과 음音으로는 '양陽'과 서로 통하여 길상의 의미로 일찍부터 한국 문화 속에서 등장한다. 양은 평화를 상징하는 온순한 동물로 우리에게 알려져 있다. 양의 생태를 살펴보면 그와 같은 성격을 확인할 수가 있다. 초식동물로서의 채식 특성상 양은 인간과 먹이 경쟁을 하지 않는, 지구상의 가축 중 가장 환경친화적인 동물이다. 고대에는 성스럽고 깨끗한 제물로 쓰였고, 현대에는 젖과 고기, 털, 가죽생산 등을 목적으로 사육되고 있으며, 앞으로는 첨단 생명과학 연구용실험동물로도 중요한 위치를 차지할 유익한 동물임에 틀림없다.

천진기

중국 종교 속의 양

고대 중국 종교 속에서 양은 어떤 의미를 지니고 있었을까? 첫째로는 양 토템신앙이 중국대륙 곳곳에 광범위하게 존재했던 점을 들 수 있고, 둘째로는 양이 종교적 제례를 비롯한 각종 의례에 희생물로 오르면서 무엇보다 상서롭다는 이미지를 강하게 띠게 되었다는 점을 들 수 있다. 그리고 셋째로는 양이 갖는 상징성이 중국 전통문화의 핵심 가치인 선善, 의義, 미美 등의 가치 체계 형성에 가장 직접적인 영향을 끼쳤다는 점을 들 수 있다.

중국의 양 토템신앙

상고시대 중국에서 양 토템신앙은 매우 광범위하게 존재했다. 우선은·주 시대에 양을 토템으로 하는 강족羌族이 청해, 신강, 사천, 그리고 중원 일부 지역으로 이주하면서 중국 서남지역에 대규모의 양 토템신앙이 형성된다. 또 북방지역에서 성행한 샤머니즘도 그 안에 양에 대한 숭배를 그 내용으로 포함하고 있었으므로, 양에 대한 숭배는 전국적으로 광범위하게 일어났다고 하겠다.

이렇게 중국에서 양 토템신앙이 상당히 넓은 지역에서 존재할 수 있었던 가장 큰 이유는 무엇보다 중국인들이 어떤 동물보다도 양을 가장 먼저 길렀다는 데 있다. 광활한 대륙에 끝없이 펼쳐진 초원은 양을 기르는 데 더할 나위 없이 좋은 조건이었으며, 이에 중국대륙에서는 양을 매우 일찍부터 사육하게 된다. 오늘날 학계에서는 중국인이 양을 기르기 시작한 시기를 대략 기원전 8000년경으로 잡는데, 이는 소, 돼지, 개, 닭 등을 기르기 시작한 시기보다 적어도 3000년 이상 앞선다. 기르기 쉬우면서도 양질의 고기를 대량 공급해 줄 수 있다는 점에서 양은 중국인에게 가장 경이로운 동물이었다.

중국 원시종교 속에서 양이 차지하는 크나큰 비중은 중국인들이 자신의 조상이라 여기는 복희伏犧 신화의 상징성을 조금만 살펴봐도 쉽게 느낄 수 있다. 흔히 복희씨는 팔괘를 그리고, '끈을 묶고 그물을 만들어, 수렵과 어로를 하게 한'(『周易』, 「繫辭傳」) 인물로 알려져 있다. 이 중 복희씨와 수렵의 관련성은 복伏 자와 희犧 자에 각각 붙어 있는 개犬와 양羊을 통해서도 짐작 가능하다. 양과의 보다 직접적인 관련성은 현존하는 복희씨 그림 머리 부분에 '양 머리'가 그려져 있는 것을 통해서 더욱 분명히 파악된다.

이러한 점들에 근거해 일부 학자들은 아예 중국 전통문화를 상징하는 아이콘을 기존의 용에서 양으로 바꿔야 한다고까지 주장한다. 중국인들은 흔히 자민족을 '용의 후예'라고 해왔다. 한편으로 용은 중국 제왕이지닌 최고의 위엄과 지위를 상징하며, 다른 한편으로는 여러 민족을 결합한 다민족 국가로서 중국이 지닌 거대한 통합성을 상징한다. 실제로 1930년대에 중국에서는 뱀을 토템으로 하는 화하민족이 다른 동물을 숭상하는 여러 부족을 통합함으로써 그 결합의 상징인 용 토템신앙이 형성되었을 것이라는 주장이 등장했고, 이것이 상당 기간 중국인의 머릿속을 지배해왔다. 하지만 최근 일부 학자들은 다음 두 가지 이유에서 이러한 기존 관념에 반기를 들고 있다. 첫째로 토템신앙이란 거의 다 자연에 실재하는 것을 숭상하는 것인데, 용은 자연에 존재하지 않으므로 중국에 용 토템신앙이 존재했을 가능성은 거의 없다는 것이다. 둘째로 중국 전통문화를 대표하는 상징물이라는 측면에서 보더라도 용은 단지 권력의 최상층부인 제왕문화를 대표하는 것일 뿐, 중국 전통문화의 다른 많은 부분까지 대표하는 것으로 보기에는 많은 무리가 따른다는 것이다. 물론 그렇다고 해서 일부 학자들이 중국 전통문화를 '양의 문화'라고 선언해버리는 것도 좀 지나친 감은 있다. 하지만 적어도 중국 종교의 전통 속에서 그간 크게 주목을 받지 못해온 양의 상징성을 다양한 측면에서 재발견했다는 점만큼은 긍정할 만하다.

희생양과 양의 상서로움

중국의 여러 종교의례 속에서 양은 우선은 희생물이라는 의미를 강하게 띠지만, 이와 동시에 희생물과는 반대 방향에 위치해 있는 신령의 의미로 신격화되기도 한다.

앞서 언급했듯이 중국인에게 양은 그들과 가장 오랫동안 함께 해온 가축이자, 특별히 소중한 먹을거리였다. 이렇게 양이 아주 중요한 가축이었기 때문에 소, 돼지와 함께 제례의 대표적인 희생물로 쓰인다. '제사를 지낼 때 어린양을 씻어 놓으며, 제사를 지낼 때 희생양을 잡아 그 머리를 올렸다.'(『周禮』, 「夏官」, 「羊人」) 『맹자』에도 제사에 양을 썼다는 다음과 같은 기록이 보인다. '탕 임금이 박 땅에 계실 때 갈나라와 인접해 있었는데, 갈백이 방자하여 제사를 지내지 않았다. 탕 임금이 사람을 보내 왜 제사를 지내지 않느냐고 묻자, 제사에 쓸 소와 양이 없어서라고 했다. 탕 임금이 사람을 시켜 소와 양을 보내셨다.'(「滕文公下」)

제례뿐만이 아니었다. 양을 비롯한 소, 돼지는 국가의 중대사가 있을 때마다 오르는 희생물이었다. '조회, 회동, 그리고 손님이 오셨을 때에는 소, 돼지, 양을 모두 갖추는 예법을 따랐다.'(『周礼』, 「天官」, 「宰夫」)

고대에 제물은 신성한 것, 복을 가져다주는 상서로운 것으로 여겨졌는데, 그중에서도 양은 상서롭다는 이미지를 특별히 선명하게 지니고 있었다. 양이 특별히 상서롭다는 중국인의 생각은 '상서로울 상' 자에 잘 담겨 있다. 상祥이라는 글자 왼편에 있는 '시示' 자가 신을 뜻한다는 점에 유의하시라. 그러면 양이 신에게 지내는 제사와 갖는 관계를 다시금 확인할 수 있을 것이다.

양의 상서로움과 제례의 관련성은 후대 유교 제사인 대상大祥, 소상小祥에서도 그 흔적을 찾아볼 수 있다. 소상은 부모님이 돌아가신 후 1주기 때 지내는 제사이고 대상은 2주기 때 지내는 제사를 각각 가리키는데, 이

제례의 명칭에 '상서로울 상'이 붙은 까닭은 이때에 이르러 상복을 조금씩 벗어 생활이 개선되는 상서로움이 있다고 생각하기 때문이다. 그 구체적인 뜻이야 어찌 됐든 상서로움과 제례, 그리고 양의 관련성을 확인할 수 있는 대목이다.

제물이 지닌 신성성으로 인해 때로 제물 자체가 신격화되기도 한다. 중국 종교 속에서 양은 바로 그런 논리를 따라 신격화된다. '옛날에 진시황이 왕이 다니는 길을 열어 가다가 흰 양 2마리가 싸우고 있는 것을 보고 사람을 보내 쫓아버리게 했다. 그런데 그 사람이 그곳에 이르자 양들이 흙더미로 변해 있었다. 그는 깜짝 놀라 돌아온다. 그러자 진시황이 그곳으로 행차를 하는데, 그때 두 사람이 길모퉁이에서 무릎을 꿇고 있었다. 진시황이 묻자 그들은 이렇게 대답한다. '신들은 사람이 아니라, 흙양의 신입니다. 임금께서 이곳에 오신다 하기에 와서 알현하게 되었습니다' 하고 말을 마치고는 사라져버렸다. 진시황은 즉시 사당을 세우라고 명하였고, 오늘에 이르기까지도 제사가 끊이지 않고 있다.'(『隴州圖經』)

신은 인간이 갖지 못한 어떤 힘을 가진 존재다. 바로 이 점에 근거해 신격화된 양은 권력을 상징하는 것으로 여겨지기도 한다. 예컨대 한나라를 세운 유방은 양 꿈을 꾸고 왕이 될 것이라는 해몽을 듣는다. 유방이 '꿈에서 큰 양 한 마리를 쫓아간다. 그 양을 잡았을 때, 유방은 곧바로 양의 뿔을 뽑아버리고 꼬리를 제거한다. 유방이 해몽을 부탁하사 이는 곧 제왕이 될 길조라는 답을 듣는다. '양'에서 뿔과 꼬리를 제거하면 임금 '왕' 자가 된다는 것이다.'

그밖에도 고대의 제왕을 양 치는 목자로, 백성을 양 떼로 간주하는 것도 양을 권력의 상징으로 보는 것과 밀접한 관련이 있다. '임금이란 목민牧民

을 행하고, 삿됨을 바로잡는 자이다.'(『國語』, 「魯語」) 물론 이러한 관념은 양을 힘없는 백성에 비유한다는 점에서 양을 권력의 상징 그 자체로 보는 위의 예와는 초점이 약간 다르기는 하지만 말이다.

양의 상징성 – 선, 의, 미

　백성은 양 떼처럼 무리를 이루어 산다. 이 점에서 고대에 백성은 양 떼로 비유될 수 있었다. 하지만 그것 외에 백성이 양 떼로 비유될 수 있었던 또 하나의 이유가 있다. 바로 양치기에 의해 온순한 양 떼가 길들여지는 것처럼, 백성들도 통치자에 의해 잘 길들여져야 하고 또 그럴 수 있다는 굳건한 유교적 믿음이 있었기 때문이다.

　흥미로운 것은 양이 단순히 선사시대의 중국인들에게 소중한 먹을거리였다거나 다른 동물에 비해 상대적으로 온순한 성격을 지녔다는 것에 대한 긍정의 수준을 넘어, 일찍부터 양을 중국 고대문화의 몇몇 핵심적인 도덕적 가치를 체현하고 있는 대표적인 상징으로 여기기 시작했다는 점이다. 그러한 이데올로기적 상징화의 작업은 선善, 의義, 미美 등의 글자 속에 고스란히 투영되어 있고, 나아가 그러한 상징성은 유자들의 관련 해석에 의해 더욱 강화된다.

　양이 온순한 동물이라는 점은 이미 중국의 가장 오래된 고대 시가에서 노래되고 있다. '그대의 양들이 돌아올 때 신경쓰며 앞다투어 조심스레와 흔들림 없이 흩어지지 않네. 양치기가 손을 흔들어 부르니, 모두 울타리로 뛰어드네.'(『詩經』, 「小雅」, 「無羊」) 이런 순종의 태도는 인간의 입장에서는 찬탄할 만한 좋은 것이며, 이 점은 '선'이라는 글자에 고스란히 반영되어 있다. 선할 선善 자의 최초 형태는 '다투어 말할 경誩'과 양羊이 결합된 것으로, 그것은 양의 덕을 앞다투어 말한다는 뜻을 지니고 있다. 양의 온순함에 대한 고대인의 찬탄과 '선'이라는 글자에 깃든 양의 덕이라는 의미가 결합되어, 유자들에 의해 양은 종종 인仁의 덕을 갖춘 사람에 비견되기에 이른다. '어린 양은 뿔이 있으나 그것을 사용하지 않는다. 갖추고 있지만 사용하지 않는 것이 인을 좋아하는 사람과 비슷하다.'(『春秋繁露』, 「執贄」)

그뿐만이 아니다. 양은 의를 상징하기도 한다. 우선 의義라는 글자를 보면, 그것은 내我가 양羊을 머리 위에 얹어 놓은 형상을 하고 있다. 많은 이들은 이 형상을 양의 성품이 '나'의 성품과 일체가 되어 '내'가 양처럼 예의바르고 공정하게 됨을 의미한다고 해석한다. 이 중에서 양을 공정함의 상징처럼 여기는 것은 옳고 그름을 공평하게 판단할 수 있는 능력을 갖춘 동물로 양을 신격화한 상고시대의 경험과 깊은 관련을 맺고 있다. 예컨대 상고시대에는 '뿔이 하나인 양', 즉 해獬가 있었는데, 이 해는 유죄 여부를 판별하는 능력을 본능적으로 갖추고 있어, 고요皐陶의 경우 옥사를 다스릴 때 이 해에게 죄 지은 혐의가 있는 자를 들이받게 했다고 하고, 중국의 여러 왕조에서는 법관의 공정함을 상징하는 양 모양의 관을 신하들에게 쓰게 했다고도 한다. 이러한 양의 공평함에 대한 신격화된 믿음과 '의'라는 글자에 담긴 양의 이미지가 결합되어, 급기야 양은 유자들이 신봉하는 의와 예를 체현한 동물이라는 논리로 비약되기에 이른다. '붙잡아도 소리치지 않고, 죽여도 울부짖지 않는 것은 의를 위해 죽는 사람과 비슷하다. 어린 양이 어미 젖을 먹을 때는 반드시 꿇어앉아 먹는데,

이는 예를 아는 사람과 비슷하다.'(『春秋繁露』, 「執贄」)

　그밖에 양은 미를 상징하기도 한다. 미美라는 글자를 풀어 보면, 그것은 양羊과 대大로 이루어져 있다. 큰 양, 그것은 제사에 쓰이는 희생양을 뜻한다. 큰 양이므로 그것은 맛있고 살찌고 좋은 양이다. 이렇게 제사에 쓰이는 좋은 양이라는 이미지로부터 여러 상징적 의미들, 예컨대 훌륭한 자질, 값비쌈, 완벽함 등의 의미가 파생되고, 한 걸음 더 나아가 커다란 업적, 높은 지향, 찬미함 등의 의미로 확장되기도 한다.

황종원

일본 불교 속
양의 잔영을 찾아서

『겐지모노가타리』 비극의 히로인

'양의 발걸음羊の歩み'이라는 말이 중세 헤이안平安 시대로부터 가마쿠라鎌倉 시대 초기에 걸쳐 귀족이나 승려들에게 사용되고 있다. 도살장으로 향하는 양의 발걸음처럼 죽음이 다가오고 있다는 비유다.

무라사키 시키부紫式部는 『겐지모노가타리源氏物語』(1001년 이후 집필) 전 54첩 중의 마지막 「우지쥬조宇治十帖」에 등장하는 비극의 히로인이 느끼는 심경을 이 '양의 발걸음'이라는 말로 표현하고 있다. 히로인은 이 작품의 주인공인 히카루 겐지光源氏의 이모제異母弟 딸로 히카루 겐지의 아들인 카오루 다이쇼薫大将와 천황의 아들 니오우미야匂宮에게 연모의 정을 받게 되어 둘 사이에서 고민에 빠지게 된다. 사려 깊고 불교에 마음을 붙이는 카오루 다이쇼에게 사랑을 받으면서도, 용모와 재능이 뛰어나고 정열적인 니오우미야와 잘못 관계를 가지게 되어 고민 끝에 교토京都의 남쪽을 흐르는 우지가와宇治川에 몸을 던지기로 결심한다.

막상 결행하려고 하면 어머니가 그리워지고 평소에는 생각도 나지 않는 이부異父의 남동생, 여동생들도 그립게 느껴졌다. 한 번만 더 만나고 싶은 사람들도 많았다. 장래의 행복을 위해 시녀들은 염색이나 바느질을 하며 수다를 떨고 있지만 우키후네浮舟의 귀에는 들리지 않는다. 밤이 되면 어떻게 몰래 집을 나갈 수 있을까 하는 계획만 떠올라 자지 못하고 기분이 처지면서 환자처럼 되어갔다.

이와 같이 무라사키 시키부는 묘사하고서 다음과 같이 이어간다.

아침이 되면 강 쪽을 바라보며 '양의 발걸음'보다도 빨리 죽을 때가 다가오는 것이 슬펐다. 朝になれば川のほうをながめながら, '羊の歩み'よりも早く死期の近づいてくることが悲しまれた。

후세의 『겐지모노가타리』의 독자는 두 명의 매력적인 남성의 연정 사이를 헤매다 우지가와에 몸을 던지려는 이 히로인을 그녀가 읊은 와카和歌를 연상하며 우키후네浮舟라고 불렀다. 우키후네란 수면을 떠도는 작은 배다. 끝내 몸을 던지지 못한 우키후네는 지쳐 쓰러져 히에잔比叡山 고승의 도움으로 출가하여 비구니가 되고 속세의 사랑을 거절한다는 스토리다.

대반열반경의 영향

이 '양의 발걸음羊の歩み'은 석가의 입멸인 대반열반을 서술하고 그 의의를 설한 대승경전 『대반열반경大般涅槃経』이 출전이라고 한다. 정확하게는 중국 오호십육국 시대에 북양北涼에 온 중부 인도의 승려 담무참曇無讖에 의해 한역漢訳된 『북본北本열반경』(414~421년 번역)이 일본으로 전해지고, 제38장에 있는 '이 수명을 생각해 보면, (…) 죄인이 거리를 향해 한 걸음 한 걸음 죽음에 다가가는 것과 같고 소나 양을 끌고 도소屠所에 도착하는 것과 같다 是寿命 (…) 如因趣市歩歩近死地 如牽牛羊詣於屠所'라는 문구가 바탕이 되었다고 여겨지고 있다.

열반경이 일본에 전래된 시기는 분명하지 않지만, 헤이조쿄平城京가 미야코京였던 나라奈良 시대 요로養老 6년(721)의 천황의 일주기에 다른 경전과 함께 사경되었다는 기술이 『쇼쿠니혼기続日本紀』에 나오며, 나라 시대에 서사된 열반경의 주석서가 오늘날까지 전해지고 있다. 그리고 그보다 백 년 이상 앞서 쇼토쿠 태자가 활약한 6세기 말에서 7세기 초 무렵에 이미 전래되었다는 설도 있다. 무라사키 시키부가 바로 이 일본 고전중 최고 걸작을 집필한 헤이안 시대 중기(11세기 초)에는 이미 지식층에 전해진 지 오래였다고 해도 좋을 것이다.

그러나 소나 양을 끌고 도살징에 이르는 것 같다는 열반경의 문구와 '양의 발걸음'은 완전히 같은 표현이라고 할 수 없다. 소가 빠져 있을 뿐만 아니라 끌고 있는 인간의 동작을 생략한 채 '양의 발걸음'이라는 말만으로 표현함으로서 한층 더 양의 심정에 다가간 것처럼 느껴진다.

그런데 불가사의한 점은 중세의 일본에서 소는 귀족이 타는 수레를 끄는 등의 활약을 하고 있었지만 양은 아예 존재하지 않았다는 것이다. 온난습윤한 일본에서 가축으로 뿌리내리는 것은 지극히 어려워 적극적으로 가축화가 시도된 것도 에도 시대부터였으며, 일정 수가 성공을 거두는 것도 근대 다이쇼大正 시대에 들어서다. 말하자면 무라사키 시키부는 한 번도 본 적이 없는 미지의 동물에게 중요한 히로인의 심경을 맡기고 있는 셈이 된다.

그 정도로 '양의 발걸음'이라는 말이 귀족 사회에 침투하고 있었다는 것일까. 그렇지 않으면 깊은 불교 지식을 갖고 있던 무라사키 시키부가 열반경을 배경으로 자기 나름의 표현을 창출한 것일까. 『겐지모노가타리』 이전으로 거슬러 올라갈 수 있는 용례를 찾아볼 수 없었기 때문에 이 점은 분명하지 않다. 다만 무라사키 시키부가 석가가 설하는 생명의 무상함보다 더 빠른 죽음을 그녀에게 다가가게 하고, 심신이 찢어질 것 같은 애욕의 괴로움을 적절히 그려낼 뿐만 아니라, 그 후 불타에의 귀의까지도 암시하는 것 같아 새삼 그 서술력에 놀라지 않을 수 없다.

마치 열반경을 전한 인도, 중국, 한국, 그리고 일본의 구도자들의 심상이 무라사키 시키부의 붓끝에 일순간 머문 것처럼 느껴진다. 그리고 아마 한역 경전의 문구를 '양의 발걸음羊の歩み'이라는 야마토고토바大和言葉(일본 고유어)로 옮김으로써 불타의 가르침이 보다 친밀하게 느껴졌을 것이다. 실물을 본 적도 없는 양이지만 불교적 문맥 안에서 말을 통해 생명을 얻었다고 할 수 있을 것이다.

'양의 발걸음'의 발자취

헤이안 시대 후기에 미나모토노요리쿠니노무스메源頼国女에 의해『겐지모노가타리』를 답습한「사고로모모노가타리狭衣物語」(1069~1077)에도 '양의 발걸음'이 등장한다. 당시『겐지모노가타리』다음으로 애독되었던 이야기로『고킨와카슈古今和歌集』이후의 와가和歌에 큰 영향을 미쳤다고 하는 작품이다. 주인공 사고로모 노다이쇼狭衣大将가 사촌누이를 사랑하면서도 받아들여지지 않아 본의 아니게 다른 여성과 관계를 거듭하는 연애의 비애를 그리고 있다.

이야기 속에서 사고로모狭衣와 맺어져 임신하게 된 천황의 황녀는 신체의 변화를 부끄러워하고, 딸의 비밀을 숨기려고 자신이 회임한 것으로 위장하려는 모친의 계획이 천황에 알려질까 봐 고민한다. 그리고 지금 바로 사라져버릴 수 있기를 소원하며, 평소보다 해가 저무는 것이 죽음으로 향하는 양의 발걸음처럼 느껴져 불안해하였다고 몹시 괴로운 마음으로 표현하고 있다. 이때 몸에 사무치는 바람이 불어 고개를 들어 보니 나뭇잎이 떨어져 내려 나뭇가지가 숨을 곳이 없을 만큼 드러나 있었다.

여기서는 '양의 발걸음'보다 빠른 죽음이 아니라, '양의 발걸음'과 같은 죽음이라는 평범한 표현이 사용되고 있기 때문에 애욕과 깨달음의 이중구조를 암시한『겐지모노가타리』의 깊이에는 미치지 못한다. 그러나 '양의 발걸음'이라는 말 자체는 계승되고 있다.

그리고『사고로모모노가타리』를 배경으로 가마쿠라鎌倉 시대 초기에 활약한 후지와라 노테카藤原定家가 '이윽고 저물어가는 햇살에 소리 내어 운다. 양의 발걸음, 그 죽음으로 다가가는 발자국 소리를 듣는 심정이 되

어 やがて暮れてゆく日影に，声を立てて泣く。羊の歩み，その死に近づいてゆく足音を聞くような想いがして。'라는 와카和歌를 읊고 있다. 그는 세련된 유현幽玄의 미를 확립한 '신고킨와카슈新古今和歌集'의 선자選者의 한 사람으로 궁정 와카의 일인자가 된 인물이다. 일몰에 세상 무상을 겹쳐 『사고로모모노가타리』의 표현을 보다 단순하고 보편적인 것으로 승화시키고 있다.

더욱이 그보다 15세 연상이며 히에잔比叡山의 고승으로서 천태종의 종정을 4번 역임하고 와카에도 뛰어난 능력을 발휘한 지엔慈円은 '내 마음은 아직 수행이 부족하여 극락왕생 할 수 있을 정도에 달하지 못했다. 양의 발걸음처럼 시시각각 죽음으로 다가가는 시간이여, 잠시만 멈추어 주렴 私の心は，まだ修行が足りず極楽に往生できるほどにいたっていない。羊の歩みのように刻々と死へと近づいていく時間よ，しばらく止まってくれ。'이라는 와카를 읊었다. 이러한 것 등은 극락왕생을 설하는 정토종의 가르침에 영향을 받으면서도 인생무상을 설하는 열반경의 본래의 표현에 대한 회귀로 읽을 수 있다.

『사고로모모노가타리』로부터 후지와라노테카와 지엔의 시대에도 일본에 양이 뿌리내린 적은 없었다. 심술궂게 말하면 '양의 발걸음'은 실태가 동반하지 않는 기호에 지나지 않았다. 그러나 이 말은 근세에 들어 에도 시대 초기에 만들어진 『닛포지쇼日葡辞書』(1603)에서도 다루어졌다. 이것은 가톨릭 예수회가 나가사키에서 간행한 일본어와 포르투갈어의 사전으로 무로마치 시대어 연구에 있어 가장 중요한 자료의 하나로 여겨진다. 여기에서는 세월 그 자체의 의미로 사용되고 있다.

누구나가 사진이나 영상으로, 또한 동물원에서 양을 볼 수 있게 된 현대 일본에서는 일상 회화에 '양의 발걸음'이 등장할 일은 이제 없다. 열반경이 절실한 구도심求道心으로 읽히는 일도 적을 것이다. 그렇지만 기호로서의 '양의 발자국'은 일본의 정신사에 확실하게 찾아낼 수 있다. 어쩌면 그것은 열반경이 가지는 텍스트로서의 힘에서 연유한 것일까. 그렇지 않으면 불타의 나라에 존재한다는 미지의 동물에게 고대나 중세 이후의 일본인이 낭만과 호기심이 발동했기 때문이었던 것일까.

그런데 양과 불교의 관련에서는 중세에 요소羊僧라는 말도 사용되었다. 어리석은 승려라는 의미로 승려가 자신을 겸손하게 일컫는 표현이기도 했다. 박물학자 미나카타 구마구스南方熊楠는 『쥬니시코十二支考』에서 일본 최고의 불교 설화집 『니혼료이키日本靈異記』(810~824)를 편찬한 야쿠시지藥師寺의 승려 케이카이景戒가 스스로의 지식을 겸손하게 말하는 데 이용한 예와 무로마치 시대 중기의 사전 『지텐아이노쇼塵添壒囊抄』(1532)에 불법을 설하지 않는 승려를 말한다고 설명된 예를 소개하고 있다. 그는 에도 시대의 백과사전 『고콘요란코古今要覽稿』(1821~1842)나 불교 경전 『대지도론大智度論』을 해독하여 양이 소리를 내지 않고 살해당하는 것에 유래한다고 이해하고 있었다.

요소羊僧도 오늘날 친숙한 말은 아니지만 '양의 걸음'과 함께 양이라는 동물의 비애에서 비롯되었다는 공통점이 있었던 것 같다. 어쩌면 본 적도 없는 동물에 대한 연민의 정이 옛 일본인의 마음에 불가사의하게도 머물렀던 순간이 있었던 것이리라.

하마다 요 | 이향숙 옮김

참고문헌

- 山中襄太, 『語源十二支物語』(1976), 大修館書店

- 荒俣宏, 『世界大博物図鑑』第伍巻〔哺乳類〕(1988), 平凡社

- 大垣さなゑ, 『ひつじ 羊の民俗・文化・歴史』(1990), まろうど社

- 南方熊楠, 『十二支考』(下)(1994), 岩波文庫

- 吉野裕子, 『十二支易・五行と日本の民俗』(1994), 人文書院

- 前尾繁三郎, 『十二支攷』第四巻午・羊, 前尾繁三郎先生遺稿集出版刊行委員
  会発行(2000), 思文閣

- 鄭高詠, 『中国の十二支動物誌』(2005), 白帝社

- 室伏信助監修・上原作和編集, 『人物で読む「源氏物語」第二〇巻―浮舟』
  (2006), 勉誠出版

- 谷泰, 『牧夫の誕生 羊・山羊の家畜化の開始とその展開』(2010), 岩波書店

양의 이미지와 상징성

현대 대중문화와 양

평화 · 순종 · 희생을 상징하는 양

한자의 상祥, 미美, 선善, 의儀 등의 글자에 양羊 자가 들어 있는 것을 볼 때, 양이 예로부터 선하고 의롭고 상서로운 동물로 인식되었던 것을 알 수 있다. 양은 자기희생으로 인간에게 큰 복을 가져다주는 동물로 여겨졌는데, 신에게 바치는 제물로 양을 많이 사용한 것에서 연유한다. 이처럼 양은 온순한 성질, 뛰어난 고기 맛, 유용한 털 때문에 예로부터 단순한 가축을 넘어 상서로움과 선, 미와 정의의 표상이며 신에게 바치는 대표적 희생의 상징물이었다. 양은 우리나라에서보다는 특히 중국에서 그에 대한 관심이 남달랐다. 앞서 언급했던 한자의 경우도 그렇거니와, 중국에서 가장 귀한 육류 고기로 분류되는 것으로 봐도 그렇다. 중국에서 가장 많이 먹는 육류는 단연 돼지고기이다. 대략 전체 육류 소비의 5~60%를 차지하고 소와 양, 닭이 나머지를 차지한다고 한다. 그러나 중국에서 가장 귀한 육류는 소고기나 닭고기, 돼지고기가 아닌 양고기라고 한다. 중국에서 누군가에게 초대를 받았는데 그 집에서 손수 양고기를 이용한 요리를 접대했다면 최고의 대접을 받은 것이라 할 정도로 양고기는 중국에서 귀한 고기로 꼽힌다. 중국에는 넓은 목초지가 존재하고, 여전히 유목에 의존해 사는 유목민족이 많다. 때문에 양고기의 품질이 좋은 편이며, 요리 재료로도 다양하게 이용되고 있다. 서양에서도 양은 특별한 동물이었다. 성서의 기록에서도 양에 대한 이야기는 무수히 언급되고 있으며, 이로 인해 고대 이스라엘 인의 생활에서 양은 중요한 희생 동물이었고, 아울러 소유한 양의 수가 바로 재산의 규모를 뜻한다는 것을 알 수 있다. 양고기는 귀한 손님을 대접하는 최고의 음식이었다. 현대에 이르러서도 양은 종교, 특히 기독교에서 특별한 의미를 갖는 대표적 동물이다. 오늘날에도 공동체의 비난을 부당하게 뒤집어쓰는 사람을 가리켜 속죄양이라고 한다. 이처럼 동서양에서 중요시되는 양은 실상 우리나라와는 별로 인연이 없는 동물이다. 목축이 성한 민족에게는 예로부터 목양牧羊이 일상생활과 밀접한 관계를 맺고 있지만, 우리나라에서는 목양이 토착화되지 못한 이유로 양에 관한 이야기는 별로 찾아볼 수 없다.

한국문화에서의 양

우리나라에서의 면양 사육은 고려 때 금나라에서 들어오기 시작한 것

으로 기록되어 있다. 그 뒤 조정에서는 제사용으로 이것을 중시하여 조선시대까지 양장羊場을 설치하여 사육하였으나 풍토병 등으로 성적이 좋지 않았으며, 더욱이 산업용으로까지는 발전하지 못하였다. 면양이 산업용으로 사육되기 시작한 것은 일제 강점기 이후이며, 광복 후에는 전멸상태에 빠졌다가 제3공화국에 의해 장려되기 시작하였다. 현재는 동물원이나 강원도 대관령 부근의 목장 등지에서 양들을 볼 수 있는 정도이다.

이렇듯 양의 사육이 활발하지 못한 이유에서인지 우리나라에서 양에 대한 이미지는 대체로 긍정적이긴 하나 여타의 동물들 중 특별한 애정이 있는 동물은 아니었던 듯 여겨진다. 역사적으로도 양에 대한 기록이 많지 않고 유물도 그리 많지 않기 때문인지 현대 대중문화에서도 양에 대한 콘텐츠는 두드러질 만한 것이 눈에 띄지 않는다. 1957년도에 양머리 모양의 백양白羊 상표가 등장하며 순백색과 포근함의 이미지로 부각된 것과 몇 년 전 개봉한 〈전우치〉라는 영화에서 십이지신의 일부로 잠깐 화면에 비치거나 여타의 문화상품에서 십이지신 캐릭터 중의 하나로 표현되는 정도에 그친다.

중국문화에서의 양

중국문화에서 양은 역사적으로나 생활면에서 특별한 동물로 인식되고 있다. 앞서 언급한 바대로 양의 모습을 본뜬 '양羊' 자는 모든 기쁨을 포괄하는 글자로, 아름다움美, 상서로움祥, 착함善 등의 길상으로 이어진다. 그리고 크게 좋고 상서로움을 '대길상大吉祥'이라 쓰지 않고 '대길양大吉羊'이라 했고, 모든 상서롭지 못한 것을 없앤다는 뜻의 '벽제불상辟除不祥'을 '벽제불양辟除不羊'으로 쓴 기록이 전해진다. 이에 관해 중국문학을 전공한 일본인 학자인 가토 도루가 지은 『패貝의 중국인 양羊의 중국인』이라는 책(수희재, 2007)은 중국인에게 양羊이라는 동물이 얼마나 큰 의미를 갖는 동물인지를 확인시켜 준다. 이 책에서 저자는 일본과는 확연히 다른 중국인의 기질을 2개의 키워드로 직조해낸다. 상인의 어원이 될 만큼 유형의 물질을 추구했던 은나라와 무형의 선善 및 예禮를 따지던 주나라를 조상으로 둔 중국인. 여기서 주나라의 문화을 양羊이라 함은 유목민족이었던 탓에 유일신을 믿고 하늘에 양을 제물로 바친 것을 의미한다. 2가지 기질은 주나라의 예법인 유학을 창시한 공자가 은나라 사람의 후손이라는 점에서 상징적으로 혼합된다. 그리고 현대에 와선 화교가 가진 상재商才와 상도常道의 조화, 시장경제의 실리와 공산주의라는 이데올로기의 결합 등에서 어렵지 않게 그 예를 찾을 수 있다.

중국의 대표적 문화콘텐츠 '시양양'

중국에서의 양에 대한 독특한 애정은 현대에 들어서 문화콘텐츠로 활발히 이어지고 있다.

중국에 요즘 엄마들이 그냥 지나칠 수 없는 가게가 생겼다. 애니메이션 캐릭터 '시양양喜羊羊' 판매점이다. 50위안 안팎의 시양양 인형과 휴대전화 고리, 160위안짜리 양모 인형 등을 파는 캐릭터점을 지나는 어른치고 아이들의 성화를 이길 이가 거의 없을 정도다. 캐릭터 상품 시양양은 광둥廣東성의 한 문화콘텐츠 애니메이션 전문 회사에 의해 만들어졌다. 애니메이션 업계는 시양양의 시장 가치가 족히 10억 위안대는 넘을 것이라고 말한다. 캐릭터 업계에선 "중국 역사상 가장 비싼 양羊이 탄생했고 미국에 '미키마우스'와 '푸우 Pooh'가 있다면, 중국엔 시양양이 있다."며 흥분을 감추지 못하고 있다.

(최헌규 기자, 코리아헤럴드 2010년 3월 31일 자)

위의 기사에서 보듯 중국에서의 '시양양' 캐릭터에 대한 인기는 독보적이라 할 수 있다. 시양양은 만화영화 『시양양과 후이타이랑』의 주인공으로, 착하고 똑똑한 양을 소재로 한 중국 토종 캐릭터이며 동그란 눈에 새까만 코를 가진 귀여운 양의 모습을 하고 있다. 하얗고 보송보송한 털이 머리를 덮고 있고, 머리 양쪽으로는 앙증맞은 뿔이 솟아 있는 양의 모습을 지닌 캐릭터이다. 2005년에 처음 등장한 이후 꾸준히 인기를 끌면서 중국의 국민 캐릭터로 자리 잡고 있다.

『시양양과 후이타이랑』의 줄거리

이야기의 시작은 이렇다. 양력 3010년, 양들의 1대 선조 우두머리인 루안미엔미엔 촌장은 늑대들에게 잡아먹히지 않기 위해 칭칭초원에 왔다. 늑대들이 칭칭초원에 도달했을 때 루안미엔미엔 촌장은 명령을 내려 높은 철둑을 쌓아 방어를 하게 했다. 늑대들은 온갖 방법으로 철둑을 넘으려고 했지만 실패했다. 그저 속수무책으로 철둑 너머의 춤추고 노래 부르는 양들을 보며 침만 흘릴 뿐이었다. 늑대들은 살을 빼서 철 기둥 사이를 지나가면 문을 넘어 들어갈 수 있다고 생각하여 살을 빼기 시작했다. 늑대들의 우두머리인 우다랑은 피골이 상접할 정도로 살을 빼고 드디어 철기둥 사이를 통과했고 안으로 들어갔을 때 돌양을 발견한다. 그는 배가 너무 고파 돌덩이 양을 통째로 삼켜버렸고 결국 거품을 물고 죽었다. 그날은 때마침 보름이었다. 이후 늑대들 세계에서는 굶주린 늑대 전설이 전해지고 있다. 세상에서 제일 기름지고 맛있는 양이 칭칭초원에 살고 있는데 어떤 늑대도 그들을 잡아먹을 생각을 감히 하지 못했다. 매월 보름이면, 굶주린 늑대들은 우다랑을 기념하기 위해 하늘을 향해 구슬프게 울부짖는다. 시간이 흘러 양력 3513년, 만양양이 칭칭초원의 촌장이 되었다. 이때 우다랑의 250대 후손 후이타이랑은 능력이 없어 더이상 늑대 무리에서 살 수 없게 되었다. 그는 배고픈 늑대 전설을 떠올리고 아내인 홍타이랑과 함께 칭칭초원 맞은편의 삼림으로 들어갔다. 그리고 전설이 사실이라는 것을 보게 된다. 이때부터 후이타이랑과 양들과의 이야기가 시작된다. 이후 이야기 구조는 간단하다. 시양양과 친구들(메이양양, 란양양, 페이양양, 만양양 등)을 늑대인 후이타이랑과 아내인 홍타이랑이 잡아먹으려고 하지만 똑똑한 시양양의 기지로 매번 실패한다는 이야기이다. 여기에 후이타이랑의 이름에는 일본인의 이름에 많이 쓰이는 '태랑'의 중국어 발음인 타이랑을 붙여 중국인들이 더 열광한다는 이야기도 있다.

각각의 캐릭터

각각의 캐릭터를 살펴보면, 먼저 주인공인 '시양양喜羊羊'은 총명하고 날쌘 양으로 놀기를 좋아하지만 촌장의 말을 잘 듣고 문제 해결에 적극적인 캐릭터이다. 임무 수행 능력 또한 뛰어나서 양을 잡아먹으러 오는 후이타이랑을 매번 꾀를 내어 혼내주기 때문에 후이타이랑이 미워한다. 전형적인 주인공 타입의 캐릭터이다. '메이양양美羊羊'은 분홍 리본을 단 예쁜 여자 양으로 홍타이랑을 제외하고는 이야기 초반부의 유일한 여자 캐릭터이다. 전형적인 여자 어린아이 캐릭터로 마음대로 안 되면 울고 이야기 내에서 큰 역할을 하지는 못한다. '페이양양沸羊羊'은 노는 것을 엄청 좋아하는 양으로 힘도 넘쳐 운동을 잘하지만 라켓을 들고 하는 운동은 잘 못 한다. 메이양양을 좋아하여 그녀를 놀리기도 하지만 다른 양들이 메이양양을 놀리면 화낸다. '난양양暖羊羊'은 게으른 양이다. 눈에

안 띄면 자거나 먹거나 둘 중 하나밖에 하지 않는다. 임무 수행도 제대로 안 하고 잠만 자지만 꾀가 많고 머리가 좋기 때문에 위기 상황에 처했을 때 현명하게 대처한다. 게으르기 때문에 귀찮은 게 싫어서 문제도 빨리 처리하려는 듯 보인다. '만양양慢羊羊'은 양마을의 촌장이다. 매우 느리게 행동하지만 종종 총명함을 보이는 캐릭터이다. '후이타이랑灰太狼'은 회색 늑대로, 굶주린 늑대 전설을 믿고 칭칭초원에 양을 잡으러 간다. 선조가 남겨둔 양 잡는 비법을 이용해 양을 잡으려고 시도하지만 매번 양들에게 당하고 실패한다. 밖에서는 양들에게 치이고 안에서는 바가지 긁는 아내 홍타이랑에게 구박받는 캐릭터이다. 아내의 구박에도 아내 사랑이 극진하다. '홍타이랑红太狼'은 후이타이랑의 아내로, 붉은색 옷을 입고 있다. 성격 또한 붉은색처럼 과격하고 난폭하다. 양 잡는 일에 실패해서 돌아오는 후이타이랑을 후라이팬으로 마구 때린다. 그러나 한편으론 남편을 위하는 아내이다.

우화와 풍자가 넘치는 중국 특유의 문화콘텐츠

중국판 개구쟁이 스머프와 가가멜의 이야기를 보는 듯하지만 중국 특유의 독특한 문화와 사고를 엿볼 수 있다. 달이 뜨는 밤 울부짖는 늑대를 통해 일반적으로 보름달이 뜨면 늑대로 변한다는 늑대인간의 전설에 익숙한 우리에게 굶주린 늑대의 전설이라는 스토리가 참신하게 다가온다. 또한 늑대와 양들의 문제해결 방법에 있어서도 자신들이 직접 생각하기보다는 조상들이 남겨둔 기록을 참고하거나 유품을 이용하여 문제 해결을 한다는 점이 중국인들의 고전을 중시하는 삶의 모습을 보여주는 듯하다. 후이타이랑을 통해 현대 중국인들의 처세와 결혼관을 살펴볼 수 있기도 하다. 시양양을 잡아먹으려 온갖 꼼수를 부리지만, 헛고생만 하는 후이타이랑은 사나운 모습에 실패자의 이미지가 겹친다. 또한 그는 아내 홍타이랑 앞에선 꼼짝 못하는, 그야말로 '고양이 앞의 쥐' 신세다. 하지만 후이타이랑의 인기는 생각보다 높다. 2009년도 중국의 유행어 중 "시집을 가려면 후이타이랑에게 가고, 처세를 할 때는 난양양처럼 하라."는 말이 있을 정도로 중국 여성들에게 후이타이랑의 인기는 높다 할 것이다. 아내에게 구박을 당하지만 참고 아내를 위하는 후이타이랑의 인기를 통해 중국 여성들의 배우자에 대한 희망상이 엿보인다.

시양양의 인기는 2009년 만화영화 『시양양과 후이타이랑』이 개봉하면서 절정에 올랐다. 푸른 초원에서 친구들과 평화롭게 사는 시양양을 늑대인 후이타이랑과 아내인 홍타이랑이 노리면서 시작하는 이 만화영화는 500만 위안을 들여 9000만 위안을 벌어들이는 대박을 터뜨렸다. 시양양은 영화뿐 아니라, 도서, 음반 및 기타 캐릭터상품 판매 등으로도 큰 수입을 올리고 있다. 중국 특유의 선호 동물인 양이 현대에 들어와서 독특한 문화콘텐츠로 탄생한 모범 전형이라 하겠다.

류관현

양에 대한
일본인의 동경, 그 문화적 변환력

요깡羊羹 – 일본의 과자로 변신한 양

일본 전통과자를 말하는 와가시和菓子를 대표하는 것이 양갱, 요깡羊羹이다. 팥소에 설탕을 더하여 한천을 넣고 가다듬어 굳힌 것으로 손바닥에 놓일 정도의 직방체로 만드는 것이 기본이다. 전국 각지의 와가시점에는 자랑할 만한 명품 요깡이 있다. 황실에 진상해온 구나이쵸고요타시宮内厅御用達로는 500년 가까운 역사를 가진 교토京都가 본점인 토라야虎屋의 요깡, 감의 명산지인 기후 현岐阜県 오가키 시大垣市에는 감을 넣은 카키요깡柿羊羹, 나가노 현長野県 신슈信州에 있는 오부세小布施의 구리요깡栗羊羹 등 유명한 것이 많이 있다. 증답품이나 해외에 보내는 선물로도 아주 선호되고 있다. 여러 가지 변화를 준 작품으로 여름에 냉장고에 넣어 차게 해 먹는 미즈요깡水羊羹도 인기다. 이 으깬 팥소로 만드는 일본식 과자의 이름에 양이 들어가 있는 것이 흥미롭다.

원래 양갱은 중국 음식으로 팥소로 만드는 과자와는 완전히 별개의 것이었다. 그것은 글자대로 양고기가 든 갱羹으로 갱이란 야채나 고기를 넣어 만든 뜨거운 국물을 말했다. 일본인이라면 누구나가 그 이름을 입에 담는 요깡羊羹이지만 羊자가 들어가 있는 것을 의식하는 사람은 거의 없다. 하물며 원래 중국에서 양고기 갱을 말한다고 하면 의외로 생각할 것이다. 그런데 동물 단백질인 양고기 갱이 일본에 전해지면서 어떻게 식물 단백질인 과자로 변신하게 된 것일까.

가마쿠라 시대에 중국에서 일본으로 선종禪宗과 함께 여러 가지 식문화가 유래되었다. 그 대표적인 것으로 차를 마시는 킷사喫茶와 텐신点心이 있다. 텐신은 식사 사이에 공복을 채우기 위해서 먹는 간식으로 그 속에 갱羹이 있었다. 무로마치室町 초기에 성립하여 초등교육기관인 테라코야寺子屋 등에서 교과서로서 이용된 『테이킨오라이庭訓往来』(의식주를 시작으로 일반 상식을 정리)에도 텐신으로서의 요깡에 대한 기술이 있다. 중국에서는 양 이외에도 다른 조수鳥獸나 어개魚介의 고기나 간을 사용하고 있었던 것으로 보이며, 일본에 들어왔을 때는 멧돼지갱, 뱅어갱, 새우갱 등 48종류의 갱이 있었다. 그러나 일본의 승려에게 동물성 재료는 금지되었기에 팥이나 갈분, 소맥분 등을 쪄서 동물의 고기처럼 만들어 선승의 쇼진료리精進料理로 한 것이 시작이라고 한다. 또한 갱이 식으면서 엉겨 굳어진 것이 국물과 다른 요깡羊羹의 원형이 되었다고도 볼 수 있으며, 그 외에 양의 간 모양을 한 중국의 과자가 일본에 전해졌을 때 간肝이라는 글자가 선호되지 않아 갱羹으로 고쳤다는 설도 있다. 덧붙이면 도쿄東京 니혼바시日本橋의 와가시和菓子 시니세老舗 세이쥬켄清寿軒은 羊肝을 사용하고 있다. 간식으로서의 요깡은 무로마치 시대에 차세키茶席의 과자로 등장하여 천황이나 구게公家 귀족으로의 진상품으로도 귀중히 여겨졌다.

그 이후 에도 시대에 류큐琉球나 사츠마薩摩에서 제당기술이 개발되면서 설탕을 구하기 쉬워지고, 또한 해조의 텡사를 원료로 한 한천이 발명되어 그 점질을 이용한 팥, 설탕, 한천을 합한 요깡이 만들어진다. 보존에 적합하여 일본 과자를 대신해 인기를 얻으면서 서민에게도 확대되었다. 소설가 나쓰메 소세키夏目漱石의 다음 글이 일본인의 이에 대한 심정을 능숙하게 표현하고 있다.

이렇듯 결이 매끈하면서 치밀한 데다가 반투명이라 광선을 받으면 어디로보나 하나의 미술품이다. 특히 푸른빛을 띤 반죽 스타일은 옥과 납석이 섞인것처럼 보고 있으면 심히 기분이 좋다. 뿐만 아니라 청자 접시에 담겨진 푸른 네리요깡煉羊羹은 청자 속에서 막 태어난 것처럼 반들반들하니 무심코 손으로 쓰다듬고 싶어진다. 서양과자 중에 이 정도의 쾌감을 주는 것은 하나도 없다. 크림색은 부드러우나 좀 답답하다. 젤리는 첫눈에는 보석처럼 보이지만 부들부들 떨리는 게 양갱 정도의 무게감이 없다. (「쿠사마쿠라草枕」)

양의 갱 또는 양의 간을 본뜬 쇼진료리精進料理가 어느새 청자에서 태어난 것 같은 미술품에 비유될 만큼 정교하면서도, 일상에서 서민의 손이 닿을 수 있는 일본의 독자적인 전통과자로 승화해왔다. 갱에는 양 이외에도 많은 소를 넣을 수 있었지만 그중에서 일본인은 희한하게도 양羊

을 선택해 고안을 계속해왔다. 이는 한자문화권에서 미美와 선善의 상징이며, 이 글자 자체의 시초가 된 양羊이 건 마법이었던 것일까.

일본 요리 칭기즈 칸

일본에는 다 자란 양고기(mutton)나 어린 양고기(lamb)를 특제 소스에 재 가운데가 불룩 올라온 전용 불판 위에 구워가며 먹는 요리가 유목민의 대제국을 건설한 영웅 칭기즈 칸의 이름으로 사랑받고 있다. 특히 홋카이도北海道에서는 명물요리로 관광객에게 인기가 있으며 현지의 사람들도 휴일이 되면 강가에서 칭기즈 칸 파티를 하는 모습을 볼 수 있다. 농림수산성이 국민의 소리를 모아 선정한 향토요리백선鄕土料理百選(2008)이나 홋카이도가 유형, 무형재산을 선정하는 홋카이도유산(2011, 52건)에도 선택되는 등 완전히 향토요리로서 정착했다.

칭기즈 칸은 근대가 될 때까지 양과 인연이 닿지 않았던 민중들이 천성이라고 할 만한 변환력으로 스스로의 미각에 맞는 새로운 식생활 문화를 만들어낸 독특한 사례다. 다만 마찬가지로 근대가 되고 나서 보급된 쇠고기를 먹는 스키야키나, 돼지고기를 얇게 저민 샤브샤브가 와쇼쿠和食가 일본음식으로서 국내뿐 아니라 국제적으로도 알려진 데 비해, 칭기즈 칸에는 그런 이미지가 없다. 홋카이도뿐만 아니라 이와테岩手, 야마가타山形, 후쿠시마福島, 나가노長野, 오카야마岡山의 각 현県에는 주식으로 하고 있는 지역이 있어, 도쿄에도 칭기즈 칸 레스토랑은 많이 있다. 그럼에도 불구하고 와쇼쿠和食라고 여겨지지 않는 것은 이름 탓일까. 그러나 그렇다고 해서 양식이나 중화요리, 그 외의 이국 요리에도 포함시킬 수 없는 독특한 위상이다. 몽골요리도 당연히 다른 카테고리이며 칭기즈 칸을 먹을 때 몽골의 영웅을 떠올리는 일본인은 거의 없지만, 어딘가 이문화異文化에 대한 동경과 같은 감정이 이 요리에 담겨 있다고 할 수 있다. 평상시 양고기를 먹지 않는 일본인도 바다를 넘어 홋카이도를 여행하거나, 평상시와 다른 요리로 분위기를 살리고 싶을 때 칭기즈 칸을 기꺼이 먹는다. 칭기즈 칸과 일본인이 어딘가 기독교와 일본인의 관계를 닮았다고 하면 너무 비약일까. 확실히 일본 현대문화의 일각에 뿌리내리고 있지만 일본의 아이덴티티로는 표상되지 않는 미묘한 위치를 유지하고 있으니 말이다.

양을 동경한 일본인

그런데 칭기즈 칸 보급에는 근대화 및 국제적 요인이 깊이 연관되어 있다. 원래 일본인이 양을 동경한 것은 양모 제품을 통해서였다. 조선이나 중국 사절의 진상품이 난반南蛮 무역 시대에 처음으로 포르투갈로부터 모직물이 도입되어, 당시 사람들은 포르투갈어 라사raxa라는 말에서 단어 나사羅紗를 따왔다. 모직물의 부드러운 촉감이 일본 내에 없었기에 전쟁터에서 입었던 진바오리陣羽織 등의 무가 의복에 이용되어 귀하게 여겼다. 이윽고 라사를 만들어내는 것이 양이라고 알려지고 에도江戸 중기의 천재 발명가 히라가와 겐나이平賀源內는 4마리의 양을 자기 집에서 사육하여 모직물을 만드는 것에 성공하였다. 바쿠후幕府도 본격적으로 면양 장려사업에 임했지만 350마리로 늘리는 것을 한계로 대량 사육에는 성공하지 못했다.

근대화 이후 군대와 경찰, 철도원 제복의 소재로서 양모가 필요하게 되자 메이지 유신明治維新 다음 해(1869)에 미국으로부터 대표적인 털양종인 메리노 8마리를 수입, 메이지 8년(1875)에는 근대 일본 최초의 양 목장이 치바 현千葉県 나리타 시成田市에 있던 구나이쿄宮内庁 고료보쿠조御料牧場, 현재 국제공항이 된 장소에 개설되었지만 위생 면이나 사육 기술의 노하우가 없었기 때문에 구미 모델의 대규모 목장 경영은 실패로 돌아갔다. 『무사도武士道』를 쓴 니토베 이나조新渡戸稲造도 농정학자로서 국가재정을 위해 양 사육의 중요성을 지적하고 있다. 일본 정부는 양모의 대부분을 수입에 의존하고 있었지만, 제1차 세계 대전이 발발하자 95%를 차지하고 있던 영국령 오스트레일리아 및 뉴질랜드로부터의 수입이 금지된다. 이에 대응하기 위해 정부는 다이쇼大正 7년(1918)에 '면양緬羊 100만 마리 계획'을 입안하고 삿포로 등 전국 다섯 곳에서 사육을 개시함과 동시에 일본 농가의 실정에 맞는 부업으로 적은 수의 사육을 장려했다. 면양緬羊이란 양모를 채취할 목적의 양이고, 면이라고 하는 것은 털이 오글오글하게 물결치는 것처럼 보이는 것을 말한다.

세계 공황의 물결이 밀려들자 유축농업에 가장 적합한 가축으로서 양이 장려되고 식육으로서의 이용도 시도되었다. 만주사변이 발발하는 쇼와昭和 6년(1931)에 농림성의 기사가 집필한 『면양과 사육법緬羊と其の飼い方』이라는 책에 30종류 이상의 양 요리가 소개되어 '칭기즈 칸'이라는 명칭이 처음으로 나온다. 그 후 쇼와 11년(1936)에 120만 마리 계획, 제2차 세계대전이 발발하는 쇼와 14년(1939)에 150만 마리 계획이 세워져

전시의 인기 가축으로 자리매김되었다. 그런데 실제로는 태평양전쟁이 끝난 다음 해까지 20만 마리로밖에 불리지 못하고 평화가 돌아와, 물자 부족으로 인한 방한 의료로서 양모의 수요가 높아진 전후에 비약적 증산 이 이루어지고 쇼와 32년(1957)에 처음으로 사상 최고의 100만 마리가 달성되었다.

그리고 1960년대에 들어서 고도의 경제성장기가 도래하면서 양모 수 입 자유화의 물결이 밀려든다. 염가의 양모에 밀린 농가는 고육지책으로 식육으로서의 이용을 시도하게 되고, 칭기즈 칸이 퍼진 것은 이때부터 다. 식용으로 쓰이는 양은 10년 남짓에 만 마리로 감소하고 그 후 칭기즈 칸에도 수입육을 사용하게 되었다. 현재 일본인의 양고기 소비의 99.5% 가 수입 양고기로, 홋카이도를 시작해 전국에서 사육되고 있는 양은 약 1만7천 마리, 별 세 개 등급의 레스토랑 등에서 나오는 환상적인 최고급 양이라고 한다.

양에 대한 일본인의 열정의 역사에서 목축문화가 없는 일본인 특유 의 양에 대한 동경과 미주迷走를 짐작할 수 있을 것이다. 잡종 문화로서 의 일본문화론을 전개한 평론가 가토 슈이치加藤周一의 자전『양의 노래 羊の歌』나 무라카미 하루키村上春樹의 소설『양을 둘러싼 모험羊をめぐる 冒険』등에 흐르는 애감哀感도 이러한 근대 일본의 양 문화사의 연장선상 에 있다. 싱어송라이터 타니무라 신지谷村新司의 작사와 작곡, 야마구치 모모山口百惠의 노래로 크게 히트한「좋은 날 떠나는 여행いい日旅立ち」 에는, '아, 일본 어디엔가 나를 기다리고 있는 사람이 있어 / 좋은 날 떠 나는 여행 / 양 구름을 찾아서 / 아버지가 가르쳐 준 노래를 길동무로 あ あ 日本のどこかに 私を待ってる 人がいる いい日旅立ち ひつじ雲を探しに 父が

教えてくれた 歌を道連れに'라는 가사가 등장한다. 양 구름이란 작은 구름이 떼를 지어 푸른 하늘에 퍼져 음영을 만들어내는 고적운은 영어에서는 altocumulus라고 부르며 sheep cloud라고는 하지 않으니 아마 전후 일본에서 불리게 되었을 것이다. 가을을 나타내는 키고季語(계절어)가 되어 있다. 흰 구름의 무리가 양의 무리로 보일 만큼 양의 이미지가 일본인 사이에 정착한 것이다. 최근에는『양이 좋아ひつじがすき』(2008, 山と渓谷社),『양을 만나고 싶어ひつじにあいたい』(2009, 同)라는 애정 어린 책도 등장, 전국 56개의 양 목장 위치를 소개하며 양 팬들의 마음을 사로잡고 있다. 일본의 양모 소비량은 중국, 미국 다음의 세계 3위로 울 제품이 없는 생활은 생각할 수 없다. 구미 정도의 축적은 없지만 버블 경제 붕괴 이후에도 페르시아 융단이나 킬림kilim에 대한 관심을 잃지 않고, 유목민이나 이슬람의 생활 문화를 상징하는 예술품으로서의 매력에 새로이 사로잡혀 문화 교류를 거듭하는 사람들도 적지 않다. 양에 대한 동경과 친밀감을 느끼게 된 일본인에게, 21세기에 들어 9000년 역사를 가지는 유라시아 대륙의 양 문화를 본격적으로 이해하는 조건이 갖추어졌다고 생각하고 싶다.

하마다 요 | 이향숙

참고문헌

- 山中襄太, 『語源十二支物語』(1976), 大修館書店
- 山根章弘, 『羊毛の語る日本史 ― 南蛮渡来の洋服はいかに日本文化に組み込まれたか』(1983), PHP研究所

- 角山幸洋, 『中国・和蘭羊毛技術導入関係資料』(1987), 関西大学東西学術研究所資料集十伍, 関西大学出版部
- 荒俣宏, 『世界大博物図鑑』第五巻〔哺乳類〕(1988), 平凡社
- 山根章弘, 『羊毛文化物語』(1989), 講談社
- 大垣さなゑ, 『ひつじ 羊の民俗・文化・歴史』(1990), まろうど社
- 南方熊楠, 『十二支考』(下)(1994), 岩波文庫
- 吉野裕子, 『十二支　易・五行と日本の民俗』(1994), 人文書院
- 前尾繁三郎, 『十二支攷』第四巻午・羊, 前尾繁三郎先生遺稿集出版刊行委員会発行(2000), 思文閣
- 藤井純夫, 『ムギとヒツジの考古学』(2001), 同成社
- 鄭高詠, 『中国の十二支動物誌』(2005), 白帝社
- 佐々倉実・佐々倉裕美, 『ひつじがすき』(2008), 山と渓谷社
- 佐々倉実・佐々倉裕美, 『ひつじにあいたい』(2009), 山と渓谷社
- 谷泰, 『牧夫の誕生 羊・山羊の家畜化の開始とその展開』(2010), 岩波書店

크고도 사려 깊은
양띠 영웅들

'큰' 것은 '아름답다'

크다고 뭐든지 좋은 것은 아니겠지만 중국인에겐 큰 것을 선호하는 국민성이 있다. 만리장성은 우주에서 육안으로 보이는 지구상의 유일한 인공물이라고 한다. 황색 대지에 그려 넣은 것 같은 수천 킬로미터의 띠는 멀리서도 보일 것이다. 같은 규모로 재현하려면 미국정부의 연간 예산에도 필적하는 초거대 공사가 될 정도로 장대한 역사적 건조물인 것은 아무튼 틀림없다. 국토가 광대하여 뭐든지 있다는 것을 긍지로 삼아 '지대물박地大物博'이 국시인 것은 당연하다.

꽃도 큼직한 꽃송이를 피우는 모란이 중국의 국화다. 미인도 중국에서는 예로부터 살집이 좋아 포동포동한 모습을 좋아했던 것 같다. 당 현종의 총애를 받은 양귀비가 그 전형으로 여겨진다.

그런데 이 '美'라는 개념의 원점이 동물 양羊(십이간지에서는 未)인 것이 흥미롭다. '羊'이 '大' 크다는 것이 아름답다는 개념으로 발전했다. 반대로 말하면 '美'는 '大'라는 개념을 수반하고 있다. 미국을 접하고 한자로 '美国'이라고 이름 붙인 사정은 의외로, '大国'이라고 보고 신뢰를 보인 당시 중국인의 '美'관이 작용했을지도 모른다.

양띠 영웅들

양처럼 무리를 짓는 성격이나 선도에 따르는 습성은 이익, 수확, 순박, 순종의 심벌로 여겨진다. 이것을 반면교사로 보면 대중을 리드하는 데 있어서의 요점이라고 볼 수도 있다.

생년을 십이간지로 따지는 것은 중국인도 즐겨 화제로 삼는데 양띠를 대표하는 영웅이 당 태종(598~649)인 것은 잘 알려져 있다. 당을 건국한 이연李淵(고종)의 차남 이세민李世民이다. 618년, 스무 살 때 아버지와 함께 군사를 일으켜 수나라를 넘어뜨린 후, '현무문의 변玄武門之變'(626)으로 황태자인 형 건성과 남동생 원길을 살해하고 아버지에게 퇴위를 강요하여 스스로 황제의 자리에 앉아 '정관의 치貞觀之治'로 불리는 선정을 베풀었다. 무엇보다 민생안정에 노력하고 균전제 등의 율령 전반의 제도를 정비하여 과거제도에 의해 신분이나 종족을 고집하지 않는 인재 등용의 법칙을 확립했다. 주변 민족과의 관계에서는 동쪽 돌궐 등을 제압하고 티베트 인과는 우호를 맺어 문성공주를 티베트 왕 손챈간포에게 시집보내 전에 없이 밀접해졌다. 수도 장안長安에 실크로드를 거친 세계의 문물이 모여들어 당조의 전성기를 연출했다는 공적은 심대하다. 태종에 의해 크게 선정을 베푼 이미지가 만들어진 것은 아닐까.

『삼국지연의』의 악역 영웅도 미년 생이다. 두말할 것 없이 조조曹操(155~220)를 말한다. 유교의 충의에도 취할 것이 있다 하여 유비나 관우에 비해 많은 중국인이 싫어하는 조조이지만, 실제로는 '난세의 영웅'으로서 그릇이 큰 실력자로 인식되고 있다. 조조가 강남江南으로의 진출에 안달하여 적벽赤壁 전투에서 유비劉備와 손권孫權의 연합군에 지고 삼국 정립의 시대에 돌입하게 된 것은 조조에게 있어서 돌이킬 수 없는 과오임에 틀림없다. 무인에 머무르지 않고 시부詩賦의 재능에서도 역사에 작품을 남길 정도로 큰 기량을 보이고 있다.

잊지 말아야 할 애국적 영웅으로 악비岳飛(1103~1142)가 있다. 유목민 금의 대대적인 남하에 저항해 일어선 농민 출신의 명장으로, 주전론을 주창해 황제 자필의 '정충악비精忠岳飛'기를 받아 연전연승하였다. 그럼에도 불구하고 강화를 주장하는 재상 진회秦檜에 의해 투옥되어 독살됨으로써 오늘에 이르기까지 애국자로서의 명예가 높다. 중국인이 좋아하는 애국적 영웅을 조사하면 악비는 반드시 상위에 들어갈 만큼 인기가 높다.

'시양양喜羊羊'이란 중국에서 전국적으로 방영 중인 텔레비전 애니메이션 『시양양喜羊羊과 후이타이랑喜灰色狼』에 등장하는 초원에 사는 영리한 어린 양이다. 교활한 회색늑대 '후이타이랑'의 악행에도 굴하지 않고 차례로 문제를 해결해나가며, 양 마을의 작은 영웅으로 많은 인기를 얻고 있다. '시양양'의 카드게임이나 RPG게임이 크게 유행하고 있다. 서양에서는 '길 잃은 어린 양'등으로 불리며 우둔하게 여겨지지만, 중국에서는 귀여울 뿐만 아니라 선량하고 현명한 동물로 비치고 있다고 할 수 있다. 양띠 영웅들의 공적이 크다고 하지 않을 수 없다.

양을 꿈에 보면 양처良妻를 얻는다

'양'이라는 글자는 뭐든지 좋다고 해도 좋다. '선善'자의 고어가 '譱'이듯이 잘 울지 않는 양이 분명하게 입을 연 상태를 상상하게 하여 좋은 의미가 되었다는 것이다. 인간이 이상으로서 추구하는 '진眞ㆍ선善ㆍ미美' 중 양과 관련된 한자가 둘이나 있다는 것은 양을 중시한 자취인 것일까, 흥미롭다.

『설문해자説文解字』(후한, 허신)에는 '양은 상祥이다'라는 말이 있다. '祥'보다 오래된 한자가 '羊'이었던 것 같다. '羊'은 또 '陽'과도 동음이며 이러한 것도 길상吉祥을 나타낸다고 여겨지고 있다. 고대에는 신년에 문에 양 머리나 닭 머리를 내거는 습관이 있었다고 한다. 중국에서 '鶏'는 '吉'과 같은 발음이다. 양羊과 닭鶏을 나란히 세우면 길상이 된다.

양은 십이지 중에서 여덟 번째의 동물로 중국인에게 '8'이라는 숫자는 안정과 번영을 상징한다. 민간에서는 양띠인 사람은 친구로는 최선이고 결혼 상대로서는 더할 나위가 없다고 여겨져왔다. 성격이 온화하고 상냥하며, 효성이 지극하고 예의도 바르며, 고생이나 곤란도 싫어하지 않고, 사려 깊고, 미적 감각도 뛰어나 취미도 다채롭고, 신앙심이 독실하고, 조용하고 간소한 생활을 좋아한다고 한다. 운세에서는 대체로 양띠가 토끼띠, 말띠, 소띠와 궁합이 맞는다고 여겨지며 서로 닮은 성격이 좋다고 한다. 그렇지만 다른 속설에 의하면 양띠라도 겨울에 태어난 사람은 평생 고생한다고 한다. 이유는 속되다. 겨울에는 식료가 되는 목초가 부족하기 때문이라고 한다.

속설은 다채롭다. 양띠의 젊은 여성은 사물에 대해 집착한다고 한다. 여성적인 프릴을 좋아하면 그것만 좋아하게 되고 화장에 긴 시간을 들인다. 몸짓이 느긋하여 어딘지 모르게 우아하게 비친다. 아침 일찍 일어나 방에 꽃을 장식하는 성격이다. 나이를 먹어가면서 청결함에 신경을 쓰게 된다고 한다. 중국 민요 '초원정가草原情歌'에서 불리듯이 양띠 여성을 좋아하게 된 남성은 집착에 끌려 목동이 되어서라도 함께 있고 싶을 만큼 연모하게 된다고 한다.

지명도 '羊'이 좋아!

인류는 고대로부터 절벽 등 암벽에 그림을 그려왔다. 동물 그림이 많은 중에서도 양 소재가 상당히 많다. 중국에서도 양의 암각화는 각지에서 확인되고 있다. 양은 고대 중국에서 가장 중요한 가축이었을지도 모른다. 점치는 것으로 제정을 실시했던 은나라 유적지에서 발견된 뼈에 '用羊十牛二' 등의 문자가 새겨져 있듯이 중요한 공물로 양은 빠뜨릴 수 없는 동물이었다.

'羊'이 운수가 좋다는 뜻에서 지명에도 기꺼이 사용되고 있는 것을 알 수 있다. '羊'을 포함한 지명이나 골목의 이름은 '羊街', '羊場', '羊坊店', '羊肉胡同', '羊尾巴胡同', '羊圈胡同' 등 헤아릴 수 없을 만큼 많다. '양성羊城'이라고 하면 중국 광주广州를 의미하는 별칭이다. 옛날에는 '초정楚庭'으로 불렸지만, 약 3000년 전의 주이왕周夷王 시대에 남월南越과 장강長江 중류역의 초인楚人과 왕래가 있었다. 두 지역 사람들의 우정을 기념하기 위해서, 남월인은 특별히 '초정(亭)'을 건설했던 것이다. 이후에 남해의 다섯 선인이 오색 옷을 두르고 오색의 양을 타고, 한 줄기에 여섯 개의 이삭을 여물게 하는 곡물을 지참하여 초정을 방문했다. 그리고 이 지역의 오곡풍양과 사람들의 행복을 기념하고 하늘로 올라 자취를 감추었다고 한다. 남겨진 것은 다섯 마리의 양의 모습을 한 돌이었다. 이 전설로 해서 광주广州는 또 다른 이름 '양성羊城'으로 불리게 되었고 명칭을 '수穗'로 적게 되었다. 다섯 마리 양은 현재 광저우를 상징하는 심벌이다.

쓰촨성四川省 성도成都에는, '청량궁青羊宮'이 있다. 옛날 노자가 서방(현재의 허난성河南省 영보靈宝 지역)으로 나가 『도덕경』 두 편을 남겼다. 전설에 의하면 그는 임종을 맞아 제자들을 향해 '심오우사천청양사尋吾于四川青羊肆'라고 했다고 한다. 후에 제자는 성도에 나가 청양사에서 다시 태어난 늙은 스승을 만났다고 하는 전설이다. '청양사青羊肆'는 동으로 만들어진 양이 아주 유명하고 후에 '청량궁'이라 불리며 도교의 저명한 사원이 되었다. 현재에도 쓰촨의 관광 명소다.

궁극의 미식 '전양석全羊席'

양고기는 맛있다. '길상'의 의미가 있는 양은 귀신을 존경해 천지를 모실 때에 가장 이상적인 공물로 여겨졌다. 사람들 사이의 선물로도 적당한 것으로 여겨져왔다. 양의 명품요리는 많다. 신장新疆 위구르 자치구의 양 꼬치구이 '시시키뱁'이나 난주蘭州의 '수조양육手抓羊肉', 서안西安의 '양육포막羊肉泡', 내몽고의 '고전양烤全羊'(양 통구이), 북경의 유명한 상점 동래순東来順의 '쇄양육烤羊肉', 성도의 '양육탕과羊肉湯鍋', 소주蘇州의 '장서양육藏書羊肉', 중경重慶의 '고전양' 등이 그렇다.

이혜문李慧文 등이 편찬한 『羊肉制品678例』이라는 책에서는 678종류의 양고기 요리가 소개되어 있다. 찜 요리에는 '하엽분증육荷葉粉蒸羊肉' 등 38종류, 조림 요리로 '쇄양육' 등 73종류, 훈제 등의 가공에서는 '홍소양육紅燒羊肉' 등 80종류, 간장 담금 등의 가공에서는 '북경장양육北京醬羊肉', '홍조양육紅糟羊肉' 등 23종류, 볶음 요리는 88종류, 구운 요리는 78종류, 튀김에서는 46종류, 양제羊蹄 16종류, 내장 요리에는 66종류, 양고기를 사용한 과자나 경식 등은 163종류에 달한다.

당나라 시대 이후 양고기를 먹는 습관이 서서히 퍼져나간 것으로 보인다. 명나라 말에서 청나라 초에 걸쳐 '전양석全羊席'이 발전했다. 중국에서 200년 이상의 역사가 있으며 궁정에서 이슬람 손님을 대접한 최고의 요리다. 머리로부터 꼬리까지 남김없이 이용하여 요리하여 다양하게 맛을 낸다. 다리 한쪽에서도 각 부위가 각각의 요리로 쓰여 요리의 이름도 달라진다. 반드시 '羊'이라는 글자가 사용되고 있다.

전양석은 이슬람교의 연회로 술이 아니라 차를 제공하는 것이 특징이다. 전양석에는 아침, 점심, 저녁의 세 가지가 있다. 모든 식사에 우선 차와 전채가 나오고 그 후에 코스 요리와 같이 27종류의 요리가 정해져 나온다. 마지막에 스프가 나오는 것이 특징이다. 궁정 요리로서 '만한전석滿漢全席'의 스타일로 진화했다.

궁정에서의 '전양석'은 많은 경우 72종류도 있어, 연석에 가장 먼저 양의 머리를 배치, 머리는 밖을 향하고 아래를 보도록 하여 연회의 시작을 나타냈다. 연석의 마지막에는 같은 방법으로 양의 꼬리를 배치해 연회의 종료를 나타내었던 것이다. 양을 사용한 모든 요리에는 그 부위와 연관된 이름이 있다. 예를 들면, 양의 귀 요리는 '순풍기順風旗', 양 눈의 요리이면 '봉안진주鳳眼珍珠', 갈비면 '문신호판文臣虎板'과 같이 이름 붙여졌다.

양고기는 자양강장의 식품이다. 『본초本草』에는 양고기가 인삼이나 황기黃芪보다 영양가가 높고 귀한 것이라고 되어 있다. 예를 들면 50kg의 양을 처리하여 식용이 되는 것은 25kg뿐이고 조리하여 실제로 먹을 수 있는 것은 불과 10kg이다. 즉, 양고기는 그만큼 귀중한 재료였다. 양고기를 먹을 때는 부족한 듯 먹는 것이 바람직하다. 배불리 먹으면 위장을 버린다.

'복양절伏羊節'이란 서주徐州지역에 전해오는 특색이 있는 식문화제祭다. '복천흘복양伏天吃伏羊'로 불리는 서주의 제는 요순堯舜 시대에까지 거슬러 올라간다. 고대로부터 '彭城伏羊一碗湯, 不用神医開薬方'이라는 말이 전해온다. 즉, 양의 국물을 먹으면 의사가 필요하지 않다는 것이다. 오늘날에는 서주 사람들이 즐기는 여름철의 일대 풍물이 되어 있다고 한다. 사람들은 레스토랑에 모여 양고기를 먹고 양고기 탕을 마시는 것이다.

복양절은 삼복으로 들어서는 시기에 시작하여 한 달 정도 계속된다. 한 달 사이에 서주사람들은 레스토랑이나 식당, 양 요리 전문점, 노천 등 다양한 장소에서 양고기를 먹는다.

양고기와 양고기 탕을 먹으면 발한 작용이 있다. 겨울에 뜨끈뜨끈한 양고기를 먹는 것은 그 이상이 없을 정도의 맛이다. 그러나 서주에서는 일 년 중 가장 더운 삼복에 산더미만큼이나 고춧가루를 넣어 홍유로 조리한 양고기를 먹는다. 이것은 서주에서 예로부터 전해져온 것으로 서민이 식문화로 자신을 단련하고 정신수양을 한다는 의미가 있다고 한다.

'복양미식절伏羊美食節' 기간 중에 시내의 호텔이나 레스토랑, 양고기 전문점에서는 복양伏羊 시리즈가 펼쳐져 시민들의 인기를 끈다. 그리고 동시에 주변 지역에서는 특색 있는 양고기 전문점에서 서주의 유명한 경식 등도 먹을 수 있고 다양한 이벤트가 개최된다고 한다. 그 지역의 희곡이나 춤, 무술, 민속, 장식품, 오리기 그림 등의 수공예, 멋진 꽃이나 새, 기암 등도 내놓는다. 의학적인 시각으로 보면, 더운 시기에 양고기를 먹는 것은 해독작용이 있다고 한다. 양고기 식습관은 서주 사람들에게 있어서 영양을 보급하고 건강을 촉진하는 중요한 의미가 있다. 2002년부터 7월 11일이 정식 '복양일伏羊日'로 정해졌다.

의식동원医食同源의 나라라서 먹기 시작하면 끝이 없기 때문에 이쯤에서 '잘 먹었어요'.

왕민 | 이향숙 옮김

참고문헌

▪ 諸橋轍次, 『十二支物語』(大修館書店, 1968)
▪ 聞一多, 『中国神話』(東洋文庫·平凡社, 1989)

- 沢田瑞穂, 『中国動物譚』(弘文堂, 1978)

- 五十嵐謙吉, 『十二支の動物たち』(八坂書店, 2006)

- 阿部禎, 『干支の動物誌』(技報堂出版, 1994)

- 陳舜臣, 『中国五千年・上下』(講談社・文庫, 1989)

- 藤堂明保, 『漢字の話・上下』(朝日新聞社・朝日選書, 1986)

- 王敏・梅本重一, 『中国シンボル・イメージ図典』(東京堂出版, 2003)

- 南方熊楠, 『十二支考』・上下(岩波書店・文庫, 1994)

집필진 약력

류관현 남산골 한옥마을 소장, 한국의집 관장, 전주전통문화센터 관장, 한국문화의집 관장을 역임했으며, 현재 한국문화재보호재단 문화예술실장으로 활동 중이다. 전통문화콘텐츠의 개발과 연구에 관심을 두고 있다.

왕민 호세이 대학교 국제일본학연구소 교수이다. 중국 하북성 출신으로 다이렌 외국어대학 일본어과를 졸업했고, 시첸 외국어학원 대학원을 수료하여 인문과학박사(오차노미즈 여대) 학위를 받았다. 도쿄세토쿠 대학교 교수를 거쳐, 2003년부터 재직 중이다. 주 전공은 문화외교이며 비교문화와 일본, 미야자와 겐지 등의 연구를 하고 있다. 총리간담회위원, 중국국가우수자비유학상 심사위원을 역임, 2009년에는 문화장관 표창을 받았다. 저서로는『日本と中國 相互誤解の構造』(中央公論社, 2008),『日中2000年の不理解—異なる文化'基層'を探る』(朝日新書, 2006),『謝謝! 宮澤賢治』(朝日新書, 2006),『日中比較・生活文化考』(原人舍, 2005),『宮澤賢治と中國』(サンマ-ク出版, 2002),『宮澤賢治 中国に翔る想い』(岩波書店, 2001) 등이 있다.

이나가 시게미 도쿄 대학교 교양학부를 졸업했으며, 도쿄 대학교 대학원과 파리 제7대학에서 수학했다. 파리 제7대학에서 문학박사 학위를 받았으며, 미에 대학교 조교수를 거쳐 현재 국제일본문화연구센터 교수로 활동하고 있다. 저서로『繪畫の黃昏』,『繪畫の東方』등이 있으며, 편저로『異文化理解の倫理にむけて』,『傳統工藝再考・京のうちそと』,『描寫と記述 近代視覺世界の形態覺と市場の遷移』등이 있다.

이원복 충청남북도, 전라북도 문화재 위원을 역임했으며, 현재 광주광역시 문화재 위원으로 재직 중이다. 국립전주박물관, 국립청주박물관, 국립공주박물관 관장을 거쳐 현재 국립중앙박물관 학예연구실장으로 재직 중이다. 저서로『나는 공부하러 박물관 간다』,『한국의 말 그림』,『회화 - 한국미 대발견』,『홀로 나귀 타고 미술 숲을 거닐다』 등이 있다.

이어령 서울대학교 문리과대학 및 동 대학원을 졸업했다. 이화여자대학교 교수, 이화여자 대학교 기호학연구소장, 조선일보, 한국일보, 중앙일보, 경향신문 등의 논설위원, 월간『문학사상』주간, 초대 문화부 장관을 역임했다. 현재 이화여자대학교 명예 석좌교수, 중앙일보 고문, (재)한중일비교문화연구소 이사장이다. 저서로는『축소 지향의 일본인』,『흙 속에 저 바람 속에』,『디지로그』,『젊음의 탄생』,『생각』,『지성에서 영성으로』,『어느 무신론자의 기도』,『어머니를 위한 여섯 가지 은유』,『빵만으로는 살 수 없다』 등이 있다.

이향숙 울산대학교 인문대학을 졸업하고, 교토 시립예술대학교 미술연구과 석사, 교토 대학교 대학원 인간 · 환경학연구과 박사과정을 수료했다. 문화 · 지역환경학 전공으로 국제일본문화연구센터 공동연구원, 교토 대학교 인문과학연구소 공동연구원, 교토 시립예술대 강사를 거쳐 현재 테이쿄 대학 외국어학부 강사로 활동하고 있다. (재)한중일비교문화연구소 객원연구원, 호세이 대학 객원학술연구원으로 한일문화비교연구를 담당하고 있기도 하다. 공저로『文化としてのテレビ·コマーシャル』,『東アジア海 の信賴助成』,『十二支神 호랑이』 등이 있다.

정재서 서울대학교 중문과에서 석 · 박사 학위를 받았다. 미국 하버드 옌칭 연구소, 일본의 국제일본문화연구센터에서 연구원을 역임했으며, 계간『상상』,『비평』 등의 편집위원으로 활동했다. 현재 이화여자대학교 중어중문학과 교수이다. 저서로『산해경 역주』,『불사의 신화와 사상』(1994년 한국출판문화상 저작상 수상),『동양적인 것의 슬픔』,『도교와 문학 그리고 상상력』,『정재서 교수의 이야기 동양신화 1, 2』,『한국도교의 기원과 역사』,『사라진 신들과의 교신을 위하여』(2008년 비교문학상, 우호학술상 수상),『양띠 오이디푸스의 신화학』,『중국신화의 세계』 등이 있다.

천진기 안동대학교 민속학과를 졸업하고, 영남대학교 대학원에서 문화인류학과 석사를, 중앙대학교 대학원에서 국어국문학과 박사 과정을 마쳤다. 중앙대학교, 가톨릭대학교, 한국 전통문화학교 등에서 강의했다. 현재 국립민속박물관 관장이다. 주요 저서로『한국동물민속론』,『한국 말 민속론』,『한국의 馬 민속』,『전통문화와 상징 1』,『돼지의 발견』등이 있다.

최원오 서울대학교 국문학과에서 동아시아 영웅서사시 비교로 문학박사 학위를 받았으며, 미국 인디애나 대학교 민속학 및 민족음악학과에서 박사 후 과정을 밟았다. 목포대학교 도서문화연구소 연구전임교수, 건국대학교 인문과학연구원 및 안동대학교 민속학연구소 전임연구원, 고려대학교 아세아문제연구소 HK연구교수 등을 역임했다. 현재 광주교육대학교 국어교육과 교수로 재직 중이다. 저서로『동아시아 비교서사학』,『An Illustrated Guide to Korean Mythology』등이 있으며, 공저로『신화/탈신화와 우리』,『인류문화의 판타지 신화』등이 있다.

최인학 동경교육대학 대학원 문학연구과에서 문학박사 학위를 취득했으며, 일본국제교류기금으로 1년간 유구대학 교환교수, 미 풀브라이트 기금으로 1년간 인디애나 대학 교환교수를 역임했다. 현재 인하대학교 명예교수, 비교민속학회 평의회 회장이다. 저서로『구전설화연구』,『백두산설화』,『조선조말 구전설화집』,『한국민속학새로읽기』(공저),『옛날이야기 꾸러미 전5권』,『한국의 설화』(공편) 등이 있다.

카미가이토 켄이치 오테마에 대학교 교수로 재직 중이다. 저서로『日本文化交流小史:東アジア傳統文化のかで』,『暗殺伊藤博文』,『空海と靈界めぐり傳說』,『富士山聖と美の山』등이 있다.

하마다 요 교토 대학 법학부를 졸업했으며, 동 대학 인간 환경학연구과에서 석·박사 학위를 받았다. 맥길McGill 대학교 종교학부 객원연구원, 국제일본문화연구센터 강사를 역임했으며, 현재 테이쿄 대학교 일본문화학과 준교수로 재직 중이다. 연구 분야는 비교종교, 일본문화문명론이다. 자연과 종교문화 전통를 중시하는 '공존의 철학', '복수종교경험' '공진' 등 새로운 개념에 의한 연구를 전개하였으며 더불어 '동아시아공유문화유산'을 제창하고 있다. 저서로『共存の哲學』, 공저로『環境と文明』,『A New Japan for the Twenty-First Century』,『國際日本学と何か』,『宗教多元主義を学ぶ人のために』,『収奪文明から環流文明へ』등이 있다.

황종원 중국 베이징대학교 한국어문화학과 부교수를 역임하고 현재 서울교육대학교 평생교육원 연구원으로 재직 중이다. 저서로『장재철학』(도서출판 문사철, 2010)이 있고, 고전 번역으로는『손 안의 고전 사서』(총 4권)(서책, 2010)가 있다.『중국의 품격』(러우위리에 저, 에버리치홀딩스, 2011),『논어, 세 번 찢다』(리링 저, 글항아리, 2011)를 번역하였다.

문화로 읽는 십이지신 이야기 양

초판 1쇄 인쇄 2012년 12월 20일
초판 1쇄 발행 2012년 12월 28일

책임편집 이어령 | 기획위원 최규복 송명식
펴낸이 정중모 | 펴낸곳 도서출판 열림원

책임편집 강희진 | 편집 고윤희 | 홍보 장혜원
제작 윤준수 | 마케팅 남기성 | 관리 이하영 김은성 조아라

등록 1980년 5월 19일(제406-2003-026호)
주소 서울시 마포구 잔다리로 2길 7-0
전화 02-3144-3700 | 팩스 02-3144-0775
홈페이지 www.yolimwon.com | 이메일 angela.koh@yolimwon.com
트위터 twitter.com/Yolimwon

ISBN 978-89-7063-761-7 03380